Anita Lehmann

Sirtaki
tanzt man nicht allein

Ein anderes Reisetagebuch
Teil 3

Auch dieses zweite Buch hätte nicht
ohne die Hilfe von Frank Ralf
erscheinen können.
Danke.

Bibliografische Information der Deutschen Nationalbibliothek:
Die Deutsche Nationalbibliothek verzeichnet diese Publikation in der
Deutschen Nationalbibliografie; detaillierte bibliografische
Daten sind im Internet über http://dnb.dnb.de abrufbar.

1. Auflage Februar 2018

Herstellung und Verlag:
BoD – Books on Demand, Norderstedt

ISBN: 978-3-7481-8432-4

Inhalt:

1. ANREISE

mit Bus und Fähre nach Igoumenitsa oder Anreise auf dem Landweg in den Norden des Landes

April 1997.
Ich begleitete erstmals eine Reisegruppe nach Griechenland, es war die erste von 24 weiteren Griechenland-Reisen.

„Sonne und Kultur" lautete das Reisemotto meiner ersten Reise. In diesem Slogan war schon alles enthalten, was ich über das Land wusste. Wie sich bald herausstellen sollte, hatte ich recht ungenaue Vorstellungen von Land und Leuten, obwohl ich mich gründlich auf die Reise vorbereitet hatte. Aber davon soll noch die Rede sein.
Dieser, meiner ersten Reise, folgten andere Themenreisen, beispielsweise „Klassisches Griechenland", „Griechenland mit Badeurlaub", „Auf den Spuren Schliemanns"...

„Du musst doch verrückt sein, dass du schon wieder mit dem Bus nach Griechenland willst", argumentieren meine Freunde, als ich zum dritten Mal in einem Jahr losfahren wollte. „Und dazu noch über Land, nicht mal mit dem Schiff."
Meine Stimme blieb so fest wie meine Entscheidung: „Ja, mich fasziniert das Land, die Menschen, die Kultur. Griechenland verführt mich zur Wiederkehr, zum Entdecken von Neuem, auch wenn es bei jeder neuen Reise nur Kleinigkeiten sind."

Flüge nach Athen und zu den griechischen Inseln hatte die Agentur, für die ich damals arbeitete, schon organisiert, aber keine Busreisen; mit anderen Worten, für alle Organisatoren und auch für den Fahrer und für mich als Reiseleiterin war es „Neuland".

DIE ANREISE

erfolgte in der Regel mit einer Übernachtung zwischen Gardasee und Bologna, meist sogar direkt am Gardasee. Je weiter südlich am ersten Tag das Hotel gebucht ist, desto kürzer ist natürlich die zu bewältigende Strecke am Vormittag des folgenden Tages und die Weiterfahrt bis in den Hafen von Ancona.

Gegen Mittag sollte man in Ancona sein, um in aller Ruhe die bestellten Fährtickets holen zu können und etwas Freizeit für die Reisenden zu gewähren.

Kurz vor Bologna verlassen wir die Autobahn, die nach Rom und weiter nach Neapel führt, und wenden uns in östlicher Richtung. Vorbei an Imola, Faenza und in Sichtweite zum Monte Titano (Republik San Marino) haben wir hinter Rimini erstmals den Blick auf die Adria. Die weißen Wellenkämme und der Verlauf des Strandes sind erkennbar. Die letzten Kilometer fahren wir entlang der Küste.

In der Ferne, auf einem Felsvorsprung gelegen, sieht man bald darauf ANCONA. Die Gründung des Ortes erfolgte durch Griechen im 4.Jh.v.u.Z.

Die griechische Geschichte beginnt also schon hier im italienischen Fährhafen.

Das Geschehen im Hafen ist aus meiner Sicht völlig chaotisch.

Im Zentrum des Hafens befindet sich ein Terminal für verschiedene Fährlinien in mehr als ein Dutzend Häfen. Aber Fahrspuren für den jeweiligen Anleger fehlen, ebenso Schilder für die betreffenden Fähren. Dort, wo Platz ist, legen die Schiffe an. So scheint es mir jedenfalls. Auf dem Festland stehen also Pkw, Busse und große und größte LKW kreuz und quer. Im Sommer kommen dazu die Motorräder und eine Vielzahl von Wohnwagen.

Der Fahrer stellt unseren Bus ebenfalls im „Irgendwo" auf dem Terminal ab. Nun müssen wir warten, bis mit dem Beladen des Schiffes begonnen wird.

Während die Gäste Zeit haben, zur Stadt hinauf zu steigen, holte ich die Fährtickets und wunderte mich über die Anzahl der benötigten Listen.

Während ich noch in der "Schlange" zur Abfertigung stehe, entdecke ich, dass der Name des Fahrers falsch ist. Da stand doch wirklich statt des Vor- und Nachnamens unseres Busfahrers "Volle Fahrt". Vorher hatte ich es nicht bemerkt, nun änderte ich ganz schnell die abzugebenden Listen, denn ich wusste von Fährfahrten in Skandinavien, dass die Ausweise immer zur Kontrolle vorgelegt werden mussten.

Von da an kontrollierte ich immer.

Bei der Planung der Reisen war der Busfahrer noch nicht bekannt, deshalb erfolgte diese neue Namensgebung für den Fahrer.

Einmal fand ich sogar in den Unterlagen, dass ich mit einem Kollegen fahren würde, der den Namen "Volle Kraft" trug.

Etwa zwei Stunden vor der Abfahrt gehen wir, wie überall auf Fähren, zu Fuß mit unserem „Fährgepäck" an Bord.

Mit dem Betreten des Schiffes sind wir auf griechischem Boden, d.h. unter anderem auch, dass wir eine andere Zeitzone haben, die Uhr eine Stunde vorzustellen ist.

Hintereinander stiegen wir im Schiff die Treppen hinauf, wurden zur Rezeption geleitet. Jeder Reisende hielt seinen Personalausweis bereit. Uns gegenüber stand in einer Reihe das Personal, vielleicht zehn Männer, keine Frau. Ich musste vortreten und zwischen dem Chefsteward, der hinter dem Tresen stand und unsere Listen in der Hand hielt, und unseren Gästen vermitteln. Nicht wir, sondern ein griechischer Matrose bekam die Kabinenkarte, ließ sich das Gepäck reichen und begleitete den jeweiligen Gast zur Kabine. Keine Schlepperei, keine Sucherei für die Gäste. Alles vornehm.
Dieser Vorgang war auf allen Fährlinien des Mittelmeeres so, auf denen ich fuhr.

Mit einer Ausnahme. Ich glaube, dass es meine zweite oder dritte Fahrt war. Alle Gäste waren versorgt, wurden mit ihrem Gepäck zu den Kabinen begleitet. Ich sah es als eine hohe Ehre an, dass sich der Chefsteward hinter dem Rezeptionstresen erhob und sich anschickte, meinen kleinen Seesack nunmehr in meine Kabine zu bringen. Ich lief ihm hinterher, denn nur er hatte den Kabinenschlüssel und nur er kannte demzufolge den Weg. Als er die Tür öffnete, tätschelte er doch tatsächlich meinen Hintern und sagte zu mir: „Heute Nacht. Ich kommen." Ich erstarrte. Große Freude sah anders aus. Ich überlegte und kam doch tatsächlich auf eine, wie ich glaubte, brillante Idee: Ein nachträglicher Zimmertausch mit dem Fahrer, dem ich natürlich nichts sagte. Seinen Schlüssel hatte ich; wir waren nach Abfahrt des Schiffes am Oberdeck verabredet. Also war es kein Problem, ihm einfach meinen Schlüssel anstelle des seinen zu geben.

Am folgenden Morgen fragte ich den Fahrer sofort, wie denn die Nacht verlaufen sei, ob es etwas Besonderes gegeben habe. Er schaute mich nur verwundert an und meinte: „Du weißt doch, dass fest ich schlafe."

Erst jetzt erzählte ich ihm die Geschichte.

Noch vor Ausfahrt aus dem Hafen versammeln sich die meisten Gäste auf dem Oberdeck, um das Beladen des Schiffes zu beobachten. Voller Staunen sehen wir zu, wie die großen Trucks manövriert werden und vor allem, wie viele davon „in dem Bauch" der Fähre verschwinden.

Da die Fähre in Griechenland mehrfach anlegt, muss in umgekehrter Reihenfolge beladen werden. Korfu, Igoumenitsa, Patras ist die Reihenfolge der Hinfahrt. Wir werden in Igoumenitsa, im Norden, aussteigen.

Die erste Reise erfolgte mit MINOAN Lines, einer griechischen Reederei, spätere hauptsächlich mit ANEK Lines, ebenfalls eine griechische Linie.

Die Überfahrt von Italien nach Griechenland bedeutet für mich in jedem Fall auch eine gefühlsmäßige Annäherung.

Jetzt war ich schon auf griechischem Territorium, hörte die griechische Sprache, aß schon griechische Spezialitäten im Restaurant. Die Anspannung darauf, was ich und meine Gäste nun erleben würden, war fühlbar. Ich war nunmehr auf das Kommende fokussiert.

Langsam gleitet das Schiff aus dem geschützten Hafen von Ancona. Von der ersten bis zur letzten Reise setzte ich mich in diesen Minuten mit einem Ouzo, einem Anisschnaps, der in Griechenland zu jeder Zeit getrunken wird, an Deck des Schiffes. Nie sonst trank ich ihn, aber unbedingt zu Beginn einer Reise nach Griechenland.

Den ersten Abend auf der griechischen Fähre werde ich nicht vergessen.
Nicht wegen des wirklich abwechslungsreichen Essens, sondern aufgrund der abendlichen Sirtaki-Darbietung.
Die Schiffsbesatzung tanzte!

Aus welchem Anlass weiß ich nicht mehr. Ich sah den Tanz erstmals außerhalb des Films „Alexis Sorbas". Bisher nahm ich an, dass es ein Volkstanz sei und habe erst später gelesen, dass die Schrittfolgen und Sprünge extra für den Film konzipiert wurden.

An diesem Abend machte ich mir keine Gedanken darüber. Ich war einfach nur begeistert. Aufrecht, stolz und mit rhythmischen, exakten Bewegungen präsentierten die Matrosen „ihren" Tanz.

Die Fahrzeit erlebte ich unterschiedlich, das Schiff fuhr zwischen zwölf und 15 Stunden bis Igoumenitsa (405 Seemeilen). Natürlich verliefen nicht alle Fahrten gleich. Mal gab es mächtigen Seegang, ein andermal wurden wir 2.30 Uhr geweckt und bereits morgens um 5.00 Uhr im Hafen „ausgesetzt", als es noch dunkel war. Die Speedfahrt der Fähre hatte etwas Gutes für uns: Wir erlebten einen beeindruckenden Sonnenaufgang in den Bergen, denn natürlich verließen wir nach dem Ausschiffen wie immer sofort den Hafen.

IGOUMENITSA

Seit meiner ersten Ankunft in Griechenland versuche ich, immer schon sehr zeitig auf den Beinen zu sein, möglichst vor allen Gästen.

Es musste zwei Dinge kombiniert werden: das Frühstück für alle und mein erster Blick auf das zu bereisende Land.

Schon von weitem sah ich, dass wir in eine Hafenbucht einfahren würden, die von grünen Hügeln und Bergen umgeben war, die durch tiefe Schluchten voneinander getrennt wurden. Und hinter diesen vorderen Bergen waren wieder Berge, höhere Gipfel. Ich wusste: dort hinauf mussten wir in den folgenden Stunden fahren. Aber welche von den beiden Straßen, die ich vom Schiff aus sah, würde es sein, die uns nach Ioannina bringt?

Pünktlich 8.00 Uhr legte das Schiff im Hafen an. Der große Platz vor dem Schiff war leer. Niemand war zu sehen: keine Wartenden, die mit der Fähre weiter nach Patras fahren wollten, keine Polizei, kein Zoll, keinerlei Hafenpersonal.
Folglich gab es auch keine Einreisestempel, die eigentlich notwendig gewesen wären. Das war beunruhigend.
Aber vielleicht war hier alles anders, ich wusste es nicht.
Bei unserem ersten persönlichen Kontakt mit dem griechischen Reisebüro machten die Mitarbeiter auch kein Hehl daraus, dass der fehlende Stempel beschafft werden müsste. Aber das war nicht die Aufgabe des Reiseleiters.
Wir hatten damals auch keinen örtlichen Reiseleiter, der uns die Gepflogenheiten des uns fremden Landes hätte erklären können, wir mussten allein zurecht kommen.
Das Wichtigste bestand einfach darin, dass ich endlich mit meinen Gästen griechischen Boden betreten hatte.

Gegenwärtig sucht man in den Katalogen vergeblich nach Busreisen, die bereits in Deutschland beginnen und eine Fährfahrt von Italien nach Griechenland beinhalten, um dann mit dem eigenen Bus durch das Land zu fahren. Auch eine Busfahrt über Land wird nicht angeboten.

BUSFAHRT DURCH SECHS LÄNDER ZU EINEM ZIEL

Nur ein einziges Mal fuhren wir „über Land" nach Griechenland. Das war außerordentlich spannend, aber auch sehr, sehr anstrengend für alle. Wir fuhren durch Tschechien, die Slowakei, Ungarn, Serbien und Mazedonien nach Griechenland, d.h. wir hatten sechs Grenzen zu passieren.
Damals, 2005, notierte ich folgendes:

Die Anfahrt erfolgt in drei Etappen.
Die erste Übernachtung wurde für Graz, und dann ganz kurzfristig für Budapest geplant. Der Fahrer, der erst am Morgen bei der Abfahrt erfuhr, dass eine Änderung des Reiseweges vorgenommen wurde, kannte glücklicherweise die ungarische Hauptstadt und hatte auch eine Stadtkarte dabei. Ich selbst war noch nie in Budapest gewesen und wurde von der Änderung ebenso überrascht wie er.
Leider konnte ich später bei der Durchfahrt wenig von der Stadt sehen, denn unser Hotel befand sich am Heldenplatz, mitten im sogenannten Botschaftsviertel.

Wir kamen abends an, und am frühen Morgen fuhren wir weiter Richtung SERBIEN.
Das Landesinnere Serbiens ist eine flache Ebene, in der, zumindest soweit wir sehen können, Sonnenblumen, Zuckerrohr, Mais, Mais, Mais… auf den Feldern stehen. Im Reiseführer hatte ich gelesen, dass Melonen, Paprika, Kartoffeln, Wein, Kiwi, Zwiebeln und Knoblauch ange-

15

baut werden. Stände, wo alle diese Gemüse- und Obsts-
orten angeboten wurden, sah ich aber erst am nächsten
Tag in südlicher Richtung hinter BELGRAD.

Die Übernachtung erfolgte in der Hauptstadt Serbiens.
Ich hatte keine Vorstellung von der bald 2-Millionen-
Stadt (1,7 genau), in der während und nach dem Krieg
1999 viele Flüchtlinge Zuflucht gefunden hatten.

Nein, nicht die einzelnen Gebäude oder die Silhouette
der Stadt „überraschten" mich am meisten, sondern die
durch die NATO-Bombardements zerstörten Häuser in
der Innenstadt, die Skeletten glichen. Die einzelnen
Stockwerke hängen noch heute schief, sind ausgebrannt,
Fenster und Türen zerborsten, Dächer gibt es nicht. Das
funktionierende Hauptkrankenhaus der Stadt steht neben
dem zerstörten Privatsender, die zerbombte Militärzent-
rale zwischen zivilen Wohnblocks. Punktuell genau trafen die Bomben.

Später sah ich von der Kalemegdan-Festung auf der anderen Uferseite der Save das schlichte weiße Denkmal,
eine Stele, für die von der NATO getöteten Menschen.

Die Parkanlage der alten Burg Kalemegdan mit schönen
alten Bäumen, Grabtafeln, Sarkophagen und türkischem
Tomb mit Halbmond beeindruckte mich ebenso wie der
Blick über die scheinbare Unendlichkeit der Wälder hinter dem Zusammenfluss von Save und Donau.

Während wir oben auf dem Burgfelsen standen, sendete
die untergehende Sonne ihre Strahlen über den Fluss,
dessen Wasser silberfarben flimmerte.

Neben den weltlichen Gebäuden habe ich mir die Ka-
thedrale des Heiligen Sava besonders interessiert angesehen. Auf einer Anhöhe stehend, sahen wir die impo-
sante Kuppel schon, als wir uns der Stadt näherten. Der

Hl. Sava gilt als Begründer der serbisch-orthodoxen Kirche und war der erste Erzbischof des Landes.

Die Kuppel hat einen Durchmesser von 34 m (im Vergleich dazu beträgt der Durchmesser im Pantheon 43,2 m), wiegt 4 000 Tonnen und wurde für 12 000 Menschen gebaut. Verkleidet ist der Betonbau mit weißem Marmor aus Griechenland. Die 49 Glocken wiegen 24 Tonnen und wurden in Innsbruck gegossen. Am Tempel selbst wird schon seit Jahrzehnten gebaut. Durch den politischen Zerfall Jugoslawiens wurde die Fertigstellung noch einmal verzögert. Da das Gotteshaus nur aus Spenden finanziert wird, werden auch noch Jahre vergehen, bis das Innere des Gebäudes seine endgültige Form hat. Wieder einmal wird mir deutlich, welche Macht die Religion über die Menschen hat.

Am folgenden Morgen verlassen wir Belgrad und nach insgesamt 600 Fahrkilometern durch das Land auch Serbien.

Die Grenzkontrollen funktionieren mit Pass, Listen aller Mitreisenden und „Trinkgeldern". Letztere haben an jeder Grenze einen anderen Namen, so beispielsweise „Europäische Beförderungsrichtlinien". Und sie müssen bezahlt werden, sonst können wir nicht weiterfahren. Wir zahlten, zahlten, zahlten. Deshalb wurde uns auf dem Rückweg ein Mann bis nach Belgrad mitgeschickt, der zumindest aufgrund seiner Sprachkenntnisse, Größe, Stärke und Tätowierung für den nötigen Respekt sorgte. Er wurde mir nicht vorgestellt; wer er wirklich war, erfuhr ich nicht. Mit anderen Worten, uns hatte man auf der Hinfahrt betrogen.

In MAKEDONIEN ist die Landschaft schon so, wie ich sie von Griechenland kenne: tiefe Täler, zerklüftete karge Berge, Ziegen- und Schafherden und einzelne Kühe, immer von einem Hirten bewacht. Auf meiner Landkarte ist eine Autobahn eingezeichnet, in der Realität befahren wir mit 80 km/h eine schlechte Landstraße, die von Fußgängern überquert wird und auf der sogar ein Radfahrer unterwegs ist. Verkaufsstände am Straßenrand fordern zum Halten auf.

Durch die langsame Fahrt haben wir Muße, die Landschaft zu betrachten. Eigenartig finde ich es, dass zwischen Maisfeldern und in Maisfeldern, regelrecht versteckt, kleine Gemüsefelder mit Tomaten, Paprika, Zwiebeln, Bohnen und Kohl zu sehen sind. Wir sitzen ja im Bus etwas erhöht, oberhalb der Fahrbahn, von der Straße aus ist diese Nutzung nicht zu sehen. Will man so die Ernte schützen? Sind das jetzt alles wieder private Bauern? Die Ernte wird wie vor Jahrzehnten mit Pferd und Leiterwagen eingebracht, und das Heu wird selbst auf den flachen Wiesen mit dem Rechen gewendet.

Endlich sind wir in Griechenland, abends 20.30 Uhr nach griechischer Zeit. Drei anstrengende Tage „Autoput" liegen hinter uns. Wenn ich mich richtig erinnere, wurde diese Art der Anreise nur noch ein einziges Mal von diesem Reiseveranstalter gewählt.

In der Regel, wie auch hier beschrieben, kommen wir mit der Fähre ins Land.

ERSTMALS GRIECHISCHER BODEN

Unser Schiff geht am folgenden Morgen in IGOUMENITSA vor Anker.

Der Ort liegt etwa 25 Kilometer südlich der Westgrenze Albaniens und unweit der vorgelagerten Insel Korfu.

Auf der Rückreise wird die Fähre am frühen Morgen kurzzeitig im Hafen von Korfu halten, aber nur zum Entladen und Beladen.

Igoumenitsa ist eine kleine Hafenstadt mit einem traditionellen Militärhafen. Als wir den Hafen verließen und durch die Stadt fuhren, waren die Straßen noch leer, nur die Gemüsehändler begannen, ihre Waren zu präsentieren.

Ohne Probleme fanden wir auch die Ausschilderung für die Strecke nach Ioannina, unsere erste Etappe, etwa 100 Kilometer entfernt. Es war keine Autobahn, auf der wir fuhren, sondern zunächst eine betonierte, gut befahrbare Straße, die in unzähligen Kurven immer nach oben führte. Nach jeder Kurve hatten wir einen neuen Blick auf andere Berge um uns, über uns, unter uns. Hier beginnt schon das westliche Pindos-Gebirge.

Immer dann, wenn im Reiseverlauf irgendwelche Mängel auftraten, wurde das Programm inhaltlich „aufgestockt". So war es wohl auch, als kurzfristig der Besuch von DODONA ins Reiseprogramm aufgenommen wurde.

Nachdem ich schon mehrfach das Orakel von Delphi besucht hatte, war ich neugierig auf diese Orakelstätte. Dodona befindet sich etwa 20 Kilometer südlich von Ioannina, und wahrscheinlich ist es die älteste Orakelstätte des Landes. Sie war Zeus gewidmet.

Das Überraschendste für mich war die Aufgabe, die diesem Orakel zukam. Der Seher beantwortete Fragen aus dem Alltag der Fragesteller. Die Antwort erfuhren die Seher aus dem Rauschen der Blätter einer Heiligen Eiche und möglicherweise aus dem Gezwitscher eines Vogels.

Die Fragen wurden sozusagen schriftlich eingereicht, nämlich in Bleiplättchen geritzt. Der Seher erhielt stellvertretend für Zeus Weihgeschenke, ähnlich der Vorgehensweise in Delphi. Ob bei der überlieferten Frage: „Wird meine Frau endlich ein Kind bekommen?" das Geschenk die Antwort beeinflusst hat, ist nicht überliefert. Aber gestellt wurde diese Frage, so heißt es in der Überlieferung.

Beeindruckt war ich von dem außerordentlich großen Halbkreis des noch existierenden Theaters. Im 4.Jahrhundert v.u.Z. wurde es für 18 000 Zuschauer gebaut.

„Woher kamen die denn, die vielen Zuschauer?" frage ich mich, denn hier im „Irgendwo" gibt es kaum Siedlungen.

Wie ich las, haben auch die Römer, als sie die Region Epiros erobert hatten, hier „Brot und Spiele" gefeiert. Und noch heute finden im Sommer Veranstaltungen statt.

Das Panorama ist überwältigend. Ich kenne Theaterbühnen, wie beispielsweise die Seebühne in Bregenz, wo man die Landschaft bewusst als Kulisse nutzt. Das kann man auch hier so sehen. Der dunkle Gebirgszug am Horizont und die bewaldeten niedrigeren Berge zu beiden Seiten sind eine eindrucksvolle Umrahmung der Szenerie.

Der alte Baum des Olympischen Zeus, wo man die Weihgeschenke niederlegte, ist längst einem neuen alten Baum gewichen.

Ich gestehe, dass mich die anderen Steine, die Ausgrabungen sind wesentlich umfangreicher, nicht so interessierten. Mit meinen Gedanken war ich schon wieder bei meinen anderen Pflichten, der leiblichen Versorgung der Gäste.

Insgesamt sind am ersten Tag laut vorliegender Landkarte insgesamt „nur" 240 Tageskilometer zurückzulegen.

Griechen und Türken, und jetzt auch wir Touristen, nutzen diese Ost-West-Verbindung, weil es der kürzeste Weg in den Badeurlaub an der olympischen Riviera und in den Norden des Landes bzw. in die Türkei ist.
1993/94 wurde deshalb beschlossen, eine neue Autobahn quer durch das Land zu bauen. Nach Fertigstellung soll die Fahrzeit nur noch die Hälfte betragen. Die „Egnatia"-Straße wird dann quer durch Nordgriechenland führen, insgesamt 670 Kilometer, und Igoumenitsa mit der türkischen Grenze verbinden.
Nur noch wenige Tunnel fehlten, als ich das letzte Mal, vor zirka zehn Jahren, die neue Autobahn fuhr. Es geht wirklich viel schneller, aber sie führt scheinbar nur über Brücken und durch Tunnel (1650 Brücken und 74 Tunnel) und die ganze Romantik des Pindos-Gebirges ist abhandengekommen. Sogar die einzigartige Landschaft des Katara-Passes ist nicht mehr zu erleben, weil er mit der neuen Egnatia unterquert wird.

Ich schätze mich glücklich, dass ich ihn bei Sonnenschein, Regen und im tiefsten Schnee erleben konnte.

Denn unser Weg führte noch ganz und gar über die alte Nationalstraße. Kurz vor IOANNINA müssen wir abbiegen, um der Straße um den Pamvotis-See zu folgen. Am Westufer führt sie ziemlich steil aufwärts, und hier halten wir erstmals, um den Blick in der uns allen neuen Umgebung schweifen zu lassen.

Allerdings haben wir auch ein Problem: Wir finden keine öffentliche Toilette. Ich muss entscheiden, meine Gäste links und rechts hinter den Bus zu schicken. Es erwies sich auch in den folgenden Stunden als richtig, denn erst oben auf dem zu querenden Pass, nach insgesamt vier Stunden Fahrzeit seit Beginn, war ein Rasthaus.

Bei einer späteren Reise hielten wir in der Stadt Ioannina; direkt am See fanden wir einen Platz für unseren Bus.

In keiner anderen Stadt im griechischen Binnenland soll das osmanische Erbe im Stadtbild so sichtbar geblieben sein wie hier. Die Türken regierten den Ort 500 Jahre, von 1430-1913. Am deutlichsten wird das im heutigen Museum, der alten Aslan-Pascha-Moschee. Über die Jahrhunderte hinweg wurde sie immer wieder erweitert. Weißer Sandstein, schmale Gebetstürme, Säulengänge, Reste türkischer Bäder, aufgehäufte Kanonenkugeln…
Aus den alten Mauern wuchsen kleine Bäumchen und Frühlingsblumen…

Hohe Zedern und schlanke Zypressen bildeten den Rahmen unseres Blickfeldes.

© 2017 Anita Lehmann

Auf der anderen Seite des Sees sehen wir, wie die Straße in das Gebirge hinauf führt, und wir wissen, dass wir nach unserer kleinen Entdeckungsreise in der Stadt mit unserem Bus um all diese Felsen fahren werden. Deutlicher bekommt man wahrscheinlich nirgendwo zu spüren, dass 80 Prozent des Landes Berge sind. Wir betrachten also das vor uns liegende Bergpanorama, die Sonnenstrahlen über Schnee und Eis-Gipfeln.

Das vor uns liegende Pindos- Gebirge muss mit dem Bus überquert werden. Seine Gipfel Tymfi und Smolikas sind etwa 2 500 Meter hoch. Ich hatte schon viele Male die Alpen überquert (Brennerpass 1 371m) und wiederholt den Apennin und war nicht darauf gefasst, was ich nun erlebte.

Das vor uns liegende Hochgebirge zieht sich in mehreren Ketten (ich glaube sieben gezählt zu haben) in Nord-Süd-Richtung durch das Land. Und ebenso oft mussten wir diese Gipfelketten überqueren, also sieben Mal Apennin- bzw. Brennerpass, nur eben höher.

Die Straße hinter Ioannina war eine Gebirgsstraße, nicht immer war sie asphaltiert. Besonders an den Rändern war sie zerfahren, und wiederholt brach sie schon am Rand ab. Schwere Baufahrzeuge überholten uns oder kamen uns entgegen. Die Bauarbeiten an der neuen Egnatia hatten für die Straße zerstörerische Folgen; in den Schluchten sahen wir mitunter die Reste abgestürzter Fahrzeuge. Mal links, mal rechts musste der Fahrer die tiefen Bergeinschnitte umfahren. Das waren keine Kurven im herkömmlichen Sinn, sondern spitzwinklige Kehren.

Ich habe das Gefühl, dass bei diesem Auf und Ab, den Links- und Rechtskurven die steile Felswand immer auf der linken Seite ist. Bei mir, auf der rechten, geht es steil bergab, das Ende der tiefen Schluchten ist nicht einsehbar. Und ich habe Höhenangst, immer noch.

Im Gegensatz zu den italienischen Gebirgszügen sind diese Felsen hier an der Fahrbahn nicht
durch Drahtnetze geschützt. Das Gestein rollt also ungehindert auf die Fahrbahn. Der Fahrer muss sich also arg konzentrieren, denn hinter jeder Kurve kann Gestein auf

der Straße liegen. Die hohen Felsen sind aus Konglomeratgestein, in unserem Fall sehen sie aus wie eine Mischung aus Kies, Sand, Schlamm und anderen Geröllen. Am Anfang, so die ersten Stunden, machte es Spaß, aber dann…

Die PKW, die mit uns von der Fähre gerollt waren, hatten uns schon lange überholt. Wir waren fast allein auf der Straße, wenn man die Baufahrzeuge nicht zählt, die mit hoher Geschwindigkeit zum Überholen ansetzten.

In meinen Reiseunterlagen stand, dass der Fahrer Schneeketten für den Bus mitzunehmen hätte.

Ich amüsierte mich: Schneeketten? Es waren sonnige, warme Frühlingstage Ende März/Anfang April, als wir die Reise begannen.

Schnee in Griechenland? Bei meiner Lektüre hatte ich nie besonders darauf geachtet. „Meine" antiken Griechen, die Schilderungen der Archäologen oder auch die in Griechenland handelnden Romane erzählten nichts von „Schnee", und die handelnden Personen waren immer leicht bekleidet. Natürlich, auf dem Olymp gab es Schnee, aber sonst…

Nach der 3. oder 4. Passüberquerung begriffen wir, weshalb Schneeketten mitgenommen werden sollten: Schnee! Es gab Schnee. Und davon sogar reichlich!

Zu beiden Seiten der Straße türmte er sich auf. Die Straße selbst war gut geräumt, wir konnten uns auch nicht verfahren, weil es gar keine andere Straße gab. Die schwarz-gelben Schneestangen wiesen uns den Weg, obwohl sie nur mit dem letzten Ende herausschauen. Dichter werdender Nebel erschwerte das Fahren.

Wir hatten schon vor endlos langer Zeit den möglichen „Pass" gesehen. Die Straßenschilder waren ja alle im Schnee verschwunden. Endlich!…

Nach der letzten Umfahrung einer Schlucht hatten wir die höchste Stelle einer Straße in Griechenland erreicht, den KATARA-PASS (1 700 m). Ich wiederhole leise für mich: die höchste Stelle einer Straße in Griechenland!

Später finde ich in einem Reisebuch die Bemerkung, dass der Katara-Pass nicht immer befahren werden kann. Wenn uns das passiert wäre! Es gibt gar keine andere Straße zu unserem Ziel! Dann hätten wir möglicherweise zurück nach Igoumenitsa gemusst und dann weiter nach Süden, oder aber wir hätten in Igoumenitsa oder gar im Bus übernachten müssen. Aber es ist alles gut gegangen. Nur, weder wir noch die Gäste haben je vorher einen solchen Gedanken erwogen.

Wir sind den ganzen Vormittag durch das Gebirge auf und ab gefahren, gekurvt, und wünschen nun auch, dass die „Egnatia", die neue Autobahn, die den Namen einer alten römischen Straße tragen soll, zügig zu Ende gebaut wird.

In dem Rasthaus auf dem Pass treffen wir Urlauber auf Einheimische, die ihr Gepäck noch auf Eseln in die wenigen kleinen Gebirgshütten bringen. Es gibt hier kaum Dörfer, die Menschen leben abseits der Straße in einzeln gelegenen Häusern.
Bis hierher sind wir etwa vier Stunden gefahren.

Nach der Pause führt die Strecke abwärts. Wunderschöne Talblicke verwöhnen uns.
Laub- und Nadelbäume wechseln sich ab. Dazwischen gibt es „Wiesen", Weideland, wo wir Schafe- und Ziegenherden sehen. Wir entdecken auch mehrfach Ziegenställe an scheinbar geschützten Plätzen. Der Boden für die Tiere ist hier karger als bei uns zu Hause. Die Erde ist durchlässiger für den Regen, also gibt es trotz Regen kein saftiges Grün für die Tiere.

Während einer meiner ersten Reisen, kurz hinter dem Katarapass, fuhren wir durch eine kleinen Ort. Links von uns waren einige Häuser und rechts, am Abhang, bewegten sich schwarz gekleidete Frauen in gebückter Haltung. Sie sammelten etwas ein. Und sogleich erkannten wir: Ein Berghang voller Walnussbäume!
Nur eine Frau saß auf einem kleinen Mauervorsprung, neben sich, in Folie abgepackt, geschälte Walnüsse. Unser Fahrer hatte die Walnüsse erkannt und hielt. Fast augenblicklich waren auch andere Frauen da. Das Geschäft

„blühte", meine Gäste waren im Kaufrausch. Die Dorffrauen sahen auch zufrieden aus.

„Weißt du noch, als wir hier angehalten haben?" beginnen immer die Gespräche mit dem Fahrer F. beim Durchfahren des Ortes, dessen Namen ich vergaß.

Scheinbar waren wir nie wieder zur Erntezeit hier, denn wir bekamen keine Einwohner wieder zu Gesicht. Aber wir wissen seitdem, dass es im Pindos viele Walnussbäume gibt.

Nur ein Städtchen existiert überhaupt im westlichen Epiros und im Pindos-Gebirge. Geschätzt bewohnen 4 000 Einwohner METSOVO. Der Ort liegt auf einer Sonnenterrasse in 1 000 m Höhe, wird als Luftkurort beworben und in den letzten Jahren auch als Skiort mit einem Skilift. Hier soll ein riesiges Skigebiet entstehen. Wir fahren nicht durch den Ort, aber haben einen guten Blick auf die wie in einem antiken Theater errichtete Stadt mit vielen neuen Häusern, die die Terrasse sozusagen rechts und links flankieren.

2. VON DEN METEORA-KLÖSTERN AN DIE OLYMPISCHE RIVIERA UND ZUM OLYMP

Kurvenreich verläuft die Straße jetzt nur noch abwärts nach KALAMBAKA.

Wiederholt las ich auf den Wegweisern den Ortsnamen „Kalapaka" oder „Kalabaka". Aber wir konnten doch nicht falsch gefahren sein, es gab doch nur diese eine Straße. „Da hat sich nur einer verschrieben", dachte ich. Irgendwann, später, las ich, dass die Ortsbeschreibungen und Schilder deshalb voneinander abweichen, weil die Wörter einfach nur unterschiedlich in die lateinische Schrift übertragen wurden. Im Nordosten Griechenlands ist mir das öfters aufgefallen. Es gibt da unterschiedliche Schreibweisen für die Orte Kavala und Philippi, und es gibt außerdem noch unterschiedliche für die helleni-schen Ausgrabungen und den in der Nähe befindlichen griechischen Ort.

Wir erreichen die Thessalische Ebene. Der Name dieser Ebene ist abgeleitet vom griechischen Begriff „Meer", das bedeutet, dass nach geologischen Erschütterungen hier ein Meer verschwunden ist und eine fruchtbare Ebene zurückgelassen hat. Dort, wo wir diese Ebene er-reichen, liegt ein kleines Landstädtchen zu Füßen einer Felsgruppe, die bis in eine Höhe von 400 Meter reicht. An diesen Felsen kleben die imposanten Meteora-Klös-ter.

Schon hier in der Ebene, zu Füßen der Felsen, hielten wir an, um zu fotografieren.

Nach Kalambaka sind wir wegen der METEORA-KLÖSTER gekommen. Zwischen dem 10. und 14. Jahrhundert begannen Mönche, Eremiten, die Klöster zu bauen.

© 2017 Anita Lehmann

Heutzutage ist es möglich, auf einer Fahrstraße das Klosterareal zu umfahren und an den einzelnen Klöstern zu parken.
Von ehemals 24 Klöstern existieren noch sechs, zwei davon werden von Nonnen bewohnt.

Als ich erstmals und ohne jegliche Hilfe diesen Programmpunkt realisieren musste, entschied ich mich zum Aufstieg in das etwas kleinere Vaarlam-Kloster. Damals wie heute weht der byzantinische Doppeladler auf gelbem Grund auf der Klostermauer. Entlang des Konglomeratfelsens führen Stufen zu einer Brücke, von der man weit über das Tal zum Pindos-Gebirge schauen kann, also dorthin, woher wir kamen. Ein Tor in der Klostermauer führt in das „innere Reich" der Mönche.

Damen und Herren, die nicht entsprechend gekleidet sind, verwehrt man den Zutritt. Nackte Männerbeine und Frauen in langen Hosen sind nicht erwünscht. Ich gehörte auch zu denen, die sich mit einem einfachen Gummizug-Rock verkleiden mussten. Sie lagen in einem Korb und man hatte die Wahl zwischen schwarz oder einer anderen dunklen Farbe. Die Röcke durften über der eigenen Kleidung getragen werden. Männer in kurzen Hosen hatten wir nicht in unserer Gruppe. So mancher Gast griff zum Fotoapparat, um diese ungewöhnliche Kleiderordnung im Bild festzuhalten.

Ich fand, dass mich „mein" grauer Rock, getragen über Mantel und Hose, ungemein kleidete.

Bei späteren Reisen und in Begleitung eines örtlichen Reiseleiters wartete ich auf die Rückkehr meiner Gäste „zu Füßen" des Vaarlam-Klosters.

Wie gesagt, ich warte auf meine Gäste und habe Zeit, mich in Ruhe umzusehen.

Zwischen den Felsen hindurch sieht man die mit roten Ziegeln gedeckten Dächer der Stadt Kalambaka, unseren Übernachtungsort am ersten Abend in Griechenland.

Von hier oben ist das ein malerischer Anblick. Ich habe aber bei einer späteren Reise auch oben auf den Felsen gestanden, als aus einem tief hängendem Wolkenmeer nur die Spitzen der Felsen heraus schauten. Auch das war beeindruckend, eigentlich unwahr.

Das Wort Meteora bedeutet so viel wie „schwebend zwischen Himmel und Erde" und „in die Höhe erhebend". Dieses Gefühl hat man jedenfalls, wenn man am Fuß der mächtigen dunkelgrauen Kolosse steht.

Märchenhaft.

Unter mir befand sich vor wahrscheinlich 60 Millionen Jahren ein Binnensee großen Ausmaßes. Durch tektonische Veränderungen floss das Wasser aus dem See zum Meer ab. Bei der Anfahrt hatten wir mehrere, fast trockene Flussbetten überquert. Die Meeresablagerungen machen den Boden fruchtbar, er wird landwirtschaftlich genutzt. Nach dem Rückgang des Wassers blieben die gigantischen Felsen aus Sandstein zurück, wurden ausgespült, verbleiben als ein Relikt der Veränderungen.

Steil aus dem Tal aufsteigend sehen die Felsen Stalagmiten ähnlich, mal spitz wie eine Nadel, dann wieder klobig oder abgerundet. Da ist ein einzelner Stein, der „Finger Gottes", der kerzengerade in die Luft ragt. Es folgen monumentale und kleinere, schlanke und kugelförmige, zerklüftete mit vielen „Höhlen", dann wieder glatte und zum Teil mit Moos bewachsene Felsen. Manche sehen aus, als wären sie mit Geröll beklebt worden, das aber in jedem Fall vom Wasser rund geschliffen worden war.

Zunächst lebten die Eremiten in Schluchten und Höhlen, später begannen sie, ganz oben auf den Felsen, auf den Felsspitzen, Klöster zu bauen, ich wiederhole, in 400 Meter Höhe.

Stein für Stein, meist aus dem Flussbett, wurden die Steine von den Mönchen hinaufgebracht, auf dem Rücken getragen, mit Leitern und Seilwinden, an denen Netze voller Steine befestigt waren. Trotz dieser Hilfsmittel waren in jedem Falle schwerste körperliche Anstrengungen notwendig.

Nur ein einziges Mal habe ich die Seilwinde unterhalb des Vaarlam-Klosters in Aktion gesehen. In einem Netz wurden Kisten mit Wein nach oben gehievt. Wirklich. Beim letzten Besuch entdeckte ich sogar ein Querseil, dass zwei Gipfel, also zwei Klöster, miteinander verband. An diesem Seil befindet sich eine "Transportkiste". Und darin habe ich eine Person entdeckt, die die Felsenschlucht in diesem offenen Kasten überquerte. Ob es ein Mönch war, weiß ich nicht. Mir wurde schon ganz schlecht beim Betrachten dieser Szene!

Das Reich der Felsendome gehört den Mönchen. Möglicherweise ist das der Grund, dass ich auch nur einziges Mal Bergsteiger an den glatt-grauen Steinblöcken gesehen habe.

Seit der zweiten Reise begleitet uns eine örtliche Fremdenführerin ins Reich der Mönche.
Von ihr erhielten wir bei unserem ersten Zusammentreffen die schriftliche Weisung, uns mit ihr in der Stadt Kalambaka zu treffen, am „Wasserfall". Wir durchquerten den kleinen Ort, aber einen Wasserfall sahen wir nicht. Beim wiederholten Durchfahren entdeckte ich einen Springbrunnen in Form einer Wasserkaskade, den für uns wichtigen „Wasserfall".

Genau dort halten wir nun immer, wenn es die Zeit erlaubt. Aber nicht nur, um den Reiseleiter zu treffen, sondern weil daneben in einer kleinen Gaststätte unsere Gäste bei „Mama Käte" essen können. In der Küche kann man sich selbst das Essen zusammenstellen. Das ist hier im Land so üblich. Man nimmt einen Teller, geht in die Küche und zeigt auf die zubereiteten Details in den

Töpfen: Kartoffeln, Reis, … , Gemüse, Lammfleisch, Hähnchen… Es muss einem nur gelingen, schnell genug „Halt!" zu rufen. Der Preis ist für alle Gerichte und alle Tellergrößen gleich. Den Gästen macht es Spaß, und mir auch. Mein Essen besteht aus einer Riesenportion „Erbsen", dazu einfach nur Brot.
Bei späteren Reisen revanchieren wir uns. In meinem Reisegepäck waren immer zwei Flaschen Bier mit besonders ausgefallenen Etiketten, denn der Besitzer war Sammler von "Bierflaschen- Etiketten".

Kalambaka ist eine Touristenstadt. Das Hotel, in dem wir die erste Nacht auf dem Festland verbrachten, entsprach den Bedürfnissen. Es war nicht komfortabel, aber sauber und mit allem Notwendigen ausgestattet.

Sichtbar für alle wird in der Stadt vor allem für Pelze geworben. Drinnen im Schaufenster und draußen an Fenstern, Türen, Stangen, Haken hängen Pelzmäntel in allen Größen und Farben. Und sie werden gekauft. Erst hielt ich das nicht für möglich, aber dann erfuhren wir von den Besitzern des Hotels, dass die Kunden hauptsächlich aus den osteuropäischen Ländern kommen und meist auch mehrere Pelze erwerben.

Ein griechischer Busfahrer erzählte mir, dass sein Bus zum Kauf von Pelzen von nur vier Frauen angemietet worden sei, und dass der Bus nach dem Einkauf mit Pelzmänteln gefüllt gewesen sei.
Von den deutschen Urlaubern, die mit unseren Bussen fahren, hat noch keiner zugeschlagen.
An der olympischen Riviera, unserem zweiten Übernachtungsziel, werden etwa in jedem dritten Laden Pelze

verkauft, aber dass sie so offen an der Straße, also draußen, in der Sonne, herumhängen, dass sah ich nur hier. Neben den Pelzen werden vor allem Silberschmuck und Ikonen angeboten. Die Reiseleiterin führte uns deshalb in eine Werkstatt, wo beides hergestellt wird. Und die Gäste kauften auch beides.

Am Morgen des 4.Reisetages sitzen alle Reisegäste voller Erwartung pünktlich im Bus. Heute ist das Meer, die olympische Riviera, unser Ziel. An den Orten Trikala und Larissa werden wir vorbeifahren zur damals einzigen griechischen Autobahn, die Athen mit dem Norden des Landes verband, und dann weiter nach Norden in den Raum KATERINI.

Ein einziges Mal begleitete uns eine Reiseleiterin von Kalambaka aus an die olympische Riviera.
Unsere griechischen Reiseleiter, egal ob nur in den Ausgrabungen oder auch manchmal zwischen mehreren Orten, waren kompetent und liebenswert, dann erfuhren wir viel über das tägliche Leben der Griechen. In solchen Fällen war mein Sitzplatz irgendwo hinten im Bus.
Diese Reiseleiterin war aber eine Österreicherin und hatte das alles, was sie uns erzählte, auch nur so gelernt wie ich. Als wir Richtung Riviera fuhren, wies sie dem Fahrer, der die Strecke erstmals fuhr, nicht den Weg. Ich lief im Bus nach vorn und machte sie darauf aufmerksam, dass wir falsch abgefahren waren. In der nächsten Stadt, Larissa, wiederholte sich das, sie zeigte dem Fahrer die Umgehungsstraße nicht, sondern ließ ihn durch den mittäglichen Verkehr fahren.

Als ich sie erneut darauf aufmerksam machte, erhielt ich zur Antwort: „Ich bin nur für die Ausgrabungen zuständig." Das enttäuschte mich sehr, unter diesen Umständen hätte sie hinten sitzen müssen und ich erkläre meinen Gästen selbst von vorn die Region.
Glücklicherweise begleitete sie keine von den Fahrten mehr, in denen ich saß.

Die Ebenen von Larissa und Katerini sind die fruchtbarsten landwirtschaftlichen Gebiete. Jetzt, im April, ist es noch zu früh für mich, die einzelnen Pflanzungen auszumachen. Ich sehe sattes, kräftiges Grün, das mit dunklem Braun der Felder wechselt. Die Straßenränder schimmern gelb und rot. Die Mohnblumen blühen dunkler und in größerer Zahl als anderswo. Die blühenden Obst- und Mandelbäumchen schmücken die Landschaft.
Vorbei geht es an Gewächshäusern und Wellblechhütten, die als Unterkünfte für Schaf- und Ziegenherden errichtet wurden. Jedes Feld muss hier bewässert werden. Die Bewässerung erfolgt durch Grundwasser, das aus 100-120 Metern Tiefe von Generatoren hoch gepumpt wird. Die kleinen Pumpenhäuschen sieht man überall. Über Schläuche, die sich auf großen Kabelrollen befinden, erhalten dann die Felder Wasser.
Die Palette der hier angebauten landwirtschaftlichen Produkte ist vielfältig: Getreide, Tabak, Mais, Zuckerrüben, Melonen und Baumwolle.

Am meisten beeindruckten mich im Spätsommer die kilometerlangen Baumwollfelder an beiden Seiten der Straße. Jährlich neu ausgesät, entwickeln sich die Pflanzen zu weißen Blütenteppichen, die Mitte/Ende September geerntet werden.

Dann rollen große Erntemaschinen über die Felder, vergleichbar mit großen Traktoren „mit Rüsseln", mehrere Saugrohre, die die reifen Blüten wie bei einem Staubsauger in sich aufnehmen und in einen Fangkorb transportieren. An den Straßenrändern sammeln sich die Fasern der Baumwollblüten, die vom Wind hierher getragen werden. Man könnte mühelos Säcke füllen. Nur ab und an sah man einzelne Personen, die das auch taten.

LARISSA, die Stadt im Zentrum der Ebene, ist die heißeste Stadt. Im Sommer steigen die Temperaturen auf 40-45 Grad. Fast auf jedem Dach befinden sich tonnenförmige Behälter zur Erwärmung des Wassers für den Hausgebrauch. Das ist für uns ein völlig ungewohnter Anblick. Wir haben uns hier im Ort auf die Straßenführung zu konzentrieren, deshalb fällt es uns zunächst gar nicht auf, dass keine bedeutenden, alten Bauwerke zu sehen sind. Bei jeder Durchfahrt erleben wir eine chaotische Verkehrsstadt.
Wir lesen, dass ein Erdbeben 1941 die alte Stadt fast gänzlich zerstört hat, es ist eine neue Stadt entstanden.

Der Fluss Pinios kommt wie wir vom Katara-Pass, er fließt an Larissa vorbei nach Norden. Nach einer halben Stunde Fahrzeit treffen wir wieder auf den Fluss, der hier zusammen mit der Straße in einer zehn Kilometer langen Schlucht verläuft, das Tempe-Tal oder auch TEMBI-TAL. Es ist einfach malerisch. Zwischen Niederem Olymp und Ossa-Gebirge, zwischen steil aufragenden nackten Felsen und bewaldeten Hängen, 30-40 Meter nur breit, ist das Tal eines der vielen griechischen Heiligtümer, die touristisch erschlossen wurden. Der Sage nach hat Poseidon dieses Tal geschaffen, indem er genau an dieser Stelle seinen Dreizack in die Erde rammte.

Von diesem landschaftlichen Kleinod waren die Gäste immer begeistert. Sie interessierte weniger die Geschichte vom göttlichen Poseidon und der Nymphe Daphne, auch nicht die Auskünfte über "göttliche Quellen", sondern mehr die "göttliche" Natur. Wir standen immer wieder auf der Hängebrücke über dem Fluss und " bestaunen" die Wände der Schlucht.

Abends wird dieses Panorama beleuchtet.

Noch einmal querten wir den Pinios, der nun bald, nach ca. 20 Kilometern, in das Ägäische Meer fließt.

Der Vesuv,
der Ätna,
der OLYMP.

In dieser Reihenfolge hatte ich mir noch als Erwachsener eine Steigerung der Mächtigkeit eines Berges vorgestellt, wohlgemerkt e i n e s Berges.

Der Berg Olymp war meines Wissens die höchste Erhebung und in der Antike der Sitz der Götter. In der Vorbereitung auf meine erste Fahrt hatte ich mich schon korrigiert:

Der Olymp ist kein einzelner Berg, sondern ein G e b i r g s m a s s i v, und der höchste Gipfel heißt nicht Olymp, sondern Mytikas (2 917 m).

Das olympische Gebirge mit einer Ausdehnung von 30 x 40 Kilometern gehört im weitesten Sinne zum Pindos-Gebirge und hat insgesamt 52 Gipfel.

Göttervater Zeus saß folglich mit seiner Frau Hera nicht einmal auf dem höchsten Berg. Und wenn wir von den olympischen Hauptgöttern sprechen und sie „Olympier" nennen, dann ist das eigentlich nicht korrekt. Als Bewohner des höchsten Gipfels müssten wir sie möglicherweise „Mystikaner" oder „Mystikesen" nennen, denn der Olymp ist nur ein Berg aus dem großen und bedeutenden Massiv.

Ich war enttäuscht!

Eine solche Dimension hatte ich mir vor meiner ersten Reise nicht vorstellen können! Im Vorbeifahren konnte ich nur die weißen Spitzen des Massivs als Ganzes erblicken.

Zwischen dem mehrgipfligen "Olimbos" und dem Meer sind etwa 20 Kilometer Entfernung; wir sehen von der Straße aus beides, denn wir fahren zwischen Berg und Wasser.

Jetzt folgten aneinander gereiht die Orte, in denen in all den Jahren unsere Hotels waren: Platamonas, Leptokaria, Katerini, Nei Pori… Das waren große Hotelanlagen wie in Leptokaria, hohe, neue Hotels mit allem Komfort wie das „Evilion" in Nei Pori oder auch kleinere familienfreundliche wie in Platamonas das Hotel „San Panteleimon". Und immer waren wir in der Nähe des Meeres, an herrlichen Sandstränden.

In Nei Pori hatte ich ein seltsames Erlebnis: Der Busfahrer und ich erhalten im Hotel gleichzeitig unsere Zimmerschlüssel und wenden uns beide zum Fahrstuhl. Der Fahrstuhl hält, der Fahrer stellt seinen Koffer in die Kabine und lächelt. Ich verstehe nicht. Ich steige ein, er nicht. Nur der Koffer fährt. Jetzt begriff ich: der Fahrer leidet unter Klaustrophobie. Hoffentlich war es nicht verbunden mit einer Höhenangst, denn der Fahrer hatte uns gerade zwei Tage vorher durchs Pindos-Gebirge chauffiert, und Höhenangst ist meine Domäne.
Glücklicherweise waren es nur die kleinen, geschlossenen Räume, die unseren Fahrer ängstigten.

Die Sandstrände an der Olympischen Riviera konnten von uns nur am späten Nachmittag oder am frühen Morgen genutzt werden, denn nicht Badeurlaub steht auf unserem Programm, sondern die Besichtigung touristischer Highlights.
Von hier aus fuhren wir nach Thessaloniki, zum Olympischen Gebirge, nach Vergina und Pella.

Trotzdem freute ich mich darauf, endlich im Meer schwimmen zu gehen. Hier an der Olympischen Riviera gab es einen verlockenden Sandstrand. Oder sollte ich doch in das glasklare Wasser des zum Hotel gehörenden Schwimmbeckens eintauchen? Oder beides?

Die Entscheidung über den Badeort war noch nicht gefallen.

Ich lief ins Hotelzimmer, um mich umzukleiden. Schnell wollte ich in den Badeanzug schlüpfen. Aber was war das? Ich zog und zog, aber er war zu klein, viel zu klein. War er in den letzten Jahren, wo ich ihn nicht genutzt hatte, geschrumpft? Oder war ich so „gewachsen"?

Da stand ich nun ungläubig im Hotelzimmer, die Träger meines Anzuges noch immer hin- und herziehend. Aber sie wurden nicht länger, der Anzug nicht passender. Länger wurde nur mein Gesicht, als ich begriff, dass zumindest an diesem Tag nichts aus dem Badevergnügen wurde.

Erst musste ein neues Kleidungsstück her.

OLYMP

Der erste Urlaubstag an der Olympischen Riviera beginnt mit einem Ausflug ins Olympische Gebirge; unser Auftrag lautete, mit den Gästen eine kleine Wanderung auf dem OLYMP durchzuführen. „Wandern Sie auf dem Olymp." So stand es in meinen Unterlagen.

Das war für mich, die ich noch nie den Olymp gesehen hatte, eine schwierige Aufgabe. Ich ging ja nicht allein ins Ungewisse, sondern hatte Verantwortung für eine ganze Gruppe.

Wie weit konnten wir mit dem Bus hinauf fahren? Wo kann man „wandern"? Sind meine Gäste für solche „kleinen Strecken" genügend ausgerüstet? Fragen über

Fragen. Auf keine hatte ich eine Antwort von meinem Reiseveranstalter mitbekommen.

Ziemlich entnervt befragte ich am Vorabend den Hotelier und hatte Glück. Man kannte einen Mann, der im Ort wohnt, ein wenig deutsch sprach und bereit war, uns auf einer „Gipfeltour" zu führen.
Dimitri, so hieß er, kam am folgenden Morgen und begleitete uns zunächst nach LITOCHORON, eine kleine Stadt, die jährlich Ausgangspunkt für ca. 25 000 „richtige" Gebirgswanderer ist.
Im Frühjahr fließt hier, aus dem Gebirge kommend, der Enipeas, dessen Bett im Sommer völlig ausgetrocknet ist. Entlang dieses Flusses wanderten wir nun aufwärts. Mandel- und wilde Feigenbäume, Judasbäume und mir unbekannte Sträucher säumten den Weg. Unter uns rauschte noch der Enipeas. Nach 20-minütiger Wanderung erreichten wir eine alte Wasserleitung, durch die noch heute Quellwasser nach Litochoron fließt. Mit großen Betonplatten war sie abgedeckt; auf ihr konnten wir bequem in ein Tal hinein spazieren. Der Weg endete nach nochmals 30 Minuten an einer kleinen Staumauer. Von hier stürzte das Wasser des Enipeas in eine schmale Talmulde, offiziell die „Badewanne des Zeus" genannt.

Ich zitiere einen Reisegast, der am Ende unserer Reise seine Eindrücke humorvoll schriftlich in Worte fasste: „Enttäuscht waren (nur) wir Männer..., denn unsere Hoffnung, dort einige Quellnixen und andere göttliche Nackedeis zu entdecken, erfüllte sich nicht."
Aber: Es war ein beeindruckender Spaziergang, der mir ohne Hilfe niemals möglich gewesen wäre.

Später lautete der Auftrag in allen Reiseprogrammen: Sie wandern zur „Badewanne des Zeus".

Darüber hinaus begleitete uns Dimitri auch über den zum Ort gehörenden Friedhof und erläuterte uns die griechisch-orthodoxen Bestattungsriten. Für uns war es schon überraschend, den vielen weißen Marmor an den Gräbern zu sehen. Grabsteine, Einfassungen und Abdeckungen, alles weißer Marmor. Wir erfuhren, dass das die preiswerteste Variante eines Grabsteins in Griechenland sei. Dass die Gräber über und über mit künstlichen Blumen geschmückt waren, ist wohl der Tradition und der Hitze geschuldet.

Dimitri, unser griechischer Helfer, bekam selbstverständlich das versprochene Bier für seine Hilfe, obwohl er uns auch ohne „Zielprämie" geholfen hätte. Wir freuten uns bei jeder späteren Reise, wenn wir ihn treffen konnten, obwohl wir unsere Aufgaben mittlerweile allein lösen konnten.

Während unserer kleinen Wanderung hatten wir ab und an über uns auch die Fahrstraße sehen können, die weiter hinauf ins Gebirge führt. Sie endet an einem Rasthaus. Irgendwann wollten wir wenigstens bis dahin fahren, um noch vielmehr vom vielgipfligen Olymp zu sehen.
Von hier aus führen Pfade zu Schutzhütten bis in 2 100 Meter Höhe. Weiter geht es dann nur noch für geschulte Bergsteiger. Obwohl die Erstbesteigung 1929 durch einen Deutschen und einen Franzosen erfolgte, waren wir mit dem Ausflug nur bis zum Rasthaus durchaus zufrieden.

Als wir bei späteren Reisen ohne unseren „Wanderleiter" unterwegs waren, fuhren wir tatsächlich hinauf und hielten auf dem Berg vor dem Rasthaus „Stavros". Dort besteht die letzte Möglichkeit, einen Bus zu parken. Dann saßen wir auf einfach gezimmerten Holzbänken vor der Hütte, tranken griechischen Kräutertee, blickten über die Blumenwiese mit den vielen bunten Krokussen und hinauf zu den Gipfeln. Es war jedes Mal ein Naturschauspiel. Es gibt nichts Schöneres!

Das Wetter verändert sich schnell am Berg. Wir bemühten uns, immer vormittags hinauf zu fahren, denn am Nachmittag schickte Zeus oftmals dicke, dunkle Wolken, die ihre Schleusen über der Küste öffneten, wenn auch nur kurzzeitig.
Nach einem solchen Gewitter waren die Gebirgsstraßen von olympischen Gesteinen überfüllt,
d.h. Gneis, Marmorbröckchen und größere Konglomerate waren heruntergerollt auf die Straße.

Das gesamte Gebirgsmassiv wurde 1935 zum Nationalpark erklärt. Wir mussten sogar durch eine kontrollierte Schranke fahren, nicht Eintritt zahlen. Die Verwaltung des Nationalparks nimmt den Schutz sehr ernst.
Trotzdem gibt es im südlichen Teil des Gebirges ein Skigebiet, das, so hörten wir, ausgebaut werden soll, und das im Naturschutzgebiet.
Schneeschuhe und Olymp waren bisher für mich ebenfalls zwei Dinge, die nicht zusammen gehörten, aber ich entdeckte wiederholt Hinweise, die aufzeigen, dass Griechenland ein Wintersportland werden wird.

Eines der vielen griechischen Klöster steht auch auf dem Olymp über Litochoron. Beim ersten Mal fuhren wir vorbei, später hielten wir vor dem kleinen Kloster. Wir durften auch die Kapelle betreten. Ich erinnere mich an den intensiven Weihrauchduft, an unzählige Ikonen, hohe Gebetsstühle, Dunkelheit innerhalb der Kirche…
Ich empfand, dass unsere Anwesenheit störend war. Ich hielt dort nicht wieder.

Während der ersten Reisen hatte ich als Reiseleiterin noch die Möglichkeit, den Gästen etwas zu zeigen, was nicht im Plan festgeschrieben war. Damals wurde das von den Reiseplanern für gut befunden, jetzt könnte es ein Kündigungsgrund sein.

Dimitri, „mein" Reisebegleiter, hatte mir von einem Gebirgsort erzählt, ALTPANTELEIMON, etwas oberhalb von Platamon, vielleicht sechs Kilometer entfernt. Dort war es in jüngster Vergangenheit zu einem Bergsturz gekommen, der größte Teil der Häuser war unbewohnbar oder ganz zerstört. Nun hatte man seit Jahren begonnen, den Ort wieder aufzubauen. Außen identisch mit dem alten Ort, hinter der Fassade modern. Es war ein Geheimtipp, auch unter Schweizern und Österreichern, die den Grundbesitz gern erwerben wollten. Auf dem Dorfplatz stehen unter Weinranken und Glyzinien Tische und Stühle und gleich drei Restaurants laden zum Verweilen ein. Sogar deutsche Speisekarten gibt es mittlerweile. So wie der Naturpark selbst steht auch der Ort unter Denkmalschutz. Hier ließ sich wunderbar sitzen, man konnte griechischen Wein trinken und vom Olymp hinunter zum Meer schauen.

Noch ist viel zu tun, aber es entsteht spürbar ein Touristenmagnet, und ich kann sagen, dass ich schon Hunderte hinauf geführt habe, als es noch ziemlich abenteuerlich war.

Erneut stelle ich fest:
Griechenland ist berauschend schön, der Himmel erscheint mir blauer als anderswo zu sein, die Sonne scheint heller, die Blüten und Sträucher duften stärker als zu Hause. Selbst die Farbenpracht erscheint mir intensiver; der Mohn erstrahlt viel dunkler in seiner roten Farbe, selbst die Zitronen- und Orangenbäume haben kräftigere Farben und der Geruch ist betörend. Das Land verführt mich mit allen meinen Sinnen.

Von „unseren" Hotels ist der nächste Tagesausflug nur eine reichliche Stunde Fahrzeit entfernt.

3. THESSALONIKI UND DER NORDEN DES LANDES

Wir fahren in nördlicher Richtung durch die Region Nordpireia.

Tabak, Kiwi, Zuckermelonen und vor allem Reis werden angebaut, es gibt kaum Industrie. Die Bevölkerung lebt zu 25% vom Tourismus, viele Menschen in der Stadt sind damit beschäftigt.

Nach dem Durchfahren mehrerer Vororte erreichen wir den zweitgrößten Hafen des Landes. An unendlich vielen Lagerhallen fahren wir entlang, erkennen kann ich nur große Tabak-Container vor auffallend weißen Lagerhäusern.

Etwa in der Mitte des Hafens treffen wir auf die örtliche Reiseleiterin. Treffpunkt ist das Wahrzeichen der Millionenstadt, der „Weiße Turm", rund, dick und strahlend weiß, wahrscheinlich aus der Türkenzeit, ein Wehrturm, ein Gefängnisturm und heute ein historisches Museum.

THESSALONIKI ist zuallererst eine turbulente Metropole, die zweitgrößte Stadt des Landes, Studentenstadt, Messestadt, Hafenstadt... Die Straßenzüge im Zentrum sind schnurgerade, die Häuser entlang der Straßen sind 10-stöckig und aneinandergebaut bis zur nächsten Kreuzung. Dadurch entstehen tiefe Straßenschluchten, die nur ab und an durch ein historisches Bauwerk unterbrochen werden.

Die Stadt hat eine lange Geschichte. Als Stadt wurde sie zu Beginn des 4.Jahrhunderts gegründet.

König Kassandros benannte sie nach seiner Tochter
Thessalonike. Sie wiederum war die Halbschwester Alexanders (der Große), der im Hafen ein modernes Denkmal erhielt. Seiner Herrschaft folgten u.a. Römer, By-
zantiner und Türken. Alle hinterließen Zeitzeugnisse.

An der Landseite wurde die Stadt von einer byzantini-
schen Mauer umgeben, an der wir aufwärts entlang zur
Zitadelle fuhren. Von den ehemaligen acht Kilometern
sind noch vier erhalten und Zinnen bewehrt, restauriert
und immer noch wuchtig vorhanden. Gepflegte Wallan-
lagen auf der einen Seite der Straße und auf der anderen

die kleinen zweistöckigen Häuschen der ehemaligen Altstadt unterstreichen die Mächtigkeit der alten Verteidigungslinie. Von ganz oben haben wir dann einen phantastischen Blick auf den Golf von Saloniki und die Weite der Hafenanlagen.

Von der Stadt ist mir hauptsächlich der Kontrast zwischen einzelnen historischen Bauten und dem Trubel in der Stadt selbst in Erinnerung geblieben, wenig Parkanlagen, keine Parkplätze. Das Zentrum wurde 1917 durch Brand und 1978 durch ein Erdbeben zerstört, damit erklärte ich mir das „System" der Stadt.
Mitunter kann ich gefühlsmäßig gar nicht alles aufnehmen, was ich zu sehen bekomme: Beeindruckend war die byzantinische Basilika. Ein wunderschöner Radleuchter dominiert das Innere; ich konnte mich an der zu einem Festtag mit Palmenwedeln geschmückten Kirche, ihrem Säulenschmuck, den Mosaiken und Fresken nicht satt sehen.

Ein Reisegast, der unsere Reise am Ende auf mehreren Seiten humorvoll zusammenfasste, schrieb:
„In der Kirche des Heiligen Dimitrios ... wurde ich wieder um eine Erfahrung reicher: Ich sah, wie sich die griechischen Besucher andächtig über den Schrein des Heiligen beugten und glaubte, dass sie hineinsehen wollten. Was ich dann sah, war allerdings nur mein verschwitztes Spiegelbild im Gold des Schreins und ich merkte nun, dass die anderen nicht gucken, sondern den Schrein küssen wollten.
In der Stadt werden die unterschiedlichen Interessen der Mitreisenden offenbar: während einige gern noch Tempeln, Ruinen, Klöstern und Kirchen nachgespürt hätten,

waren andere froh, aus den stickigen und heißen Straßenschluchten heraus zu kommen."

Vor der Kirche am Straßenrand wuchsen Bäume, die ich noch niemals vorher gesehen hatte: die mächtige Konstantinopel Esche blühte rosafarben. Hunderte von zarten Blüten schmückten den Baum.
Ich kann nicht alle gesehenen Bauwerke aufzählen. Die UNESCO hat 15 frühchristliche und byzantinische Bauwerke der Stadt als Weltkulturerbe eingestuft. 1997 war Thessaloniki Kulturhauptstadt Europas, und aus diesem Anlass wurde gebaut und restauriert.
Ich hatte das Gefühl, dass diese Stadt in der Zukunft der Hauptstadt Athen den Rang ablaufen könnte.

Meinen Eindruck von Thessaloniki komplettierte ich durch meinen ersten Besuch auf einem griechisch- türkischen Markt. Ich wollte mich auch unbedingt in das Gewusel des Kaufens selbst begeben.
Was ich kaufte? Tee.
Zentnerweise wurde er in Säcken angeboten! Wirklich, graue, große Säcke, gefüllt mit den verschiedensten Teesorten, standen einfach geöffnet auf dem Boden. Ich kaufte jeweils eine Tüte voll: schwarzer Tee, Gebirgskräuter, Hagebutten, Lavendel... Zu Hause habe ich dann einfach alles miteinander vermischt. Schmeckte.
Beim Fischmarkt habe ich nur geschaut und gestaunt. Die lauten Rufe der Verkäufer und der starke Fischgeruch in der Halle waren nicht gerade anheimelnd.

Es war sehr warm in der Stadt, von Minute zu Minute schien es mir heißer zu werden. Und wir waren erst im Norden des Landes. So beschloss ich kurzerhand, mir eine flippige Sommerhose zu kaufen. Schon stellte ich mir vor, wie ich mich mit kurzen Hosenbeinen fühlen würde.

Meine Hosenkauf-Idee festigte sich. Aber wo sollte ich kaufen? Den Markt verwarf ich. In der Stadt würde es schon ein Geschäft geben. Es war gar nicht so leicht. Die Modegeschäfte führten meine Größe nicht. Dann wurde ich in einem Laden fündig, der auch mit Kleidung vor dem Haus warb. Ich probierte, die Hose passte. Beim Bezahlen machte mich der Verkäufer darauf aufmerksam, dass er noch eine olivfarbene Hose habe, die besser zu meiner Kleidung passe, als die von mir gewählte hellblaue Farbe. Ich war begeistert, er wechselte die beiden Hosen, der Kauf war beendet. Ich war mittlerweile in Eile, nahm schnell die Tüte mit den Hosen entgegen und lief zum Bus.

Vier Stunden später wollte ich mich im Hotel noch einmal an meiner neu erworbenen Hose erfreuen. Ich schaute in die Tüte. Olivenfarben war sie immer noch, aber Größe und Machart entsprachen nicht mehr der im Geschäft gekauften. Und es war eine Männerhose! Ich ärgerte mich über mich selbst, dass ich den Tausch nicht kontrolliert hatte.

Zurück in Deutschland bot ich allen Männern in meinem Bekanntenkreis die Hose an, natürlich kostenlos. Niemand wollte sie tragen. Mein Sohn nannte sie schlicht „Altmännerhose".

Also beschloss ich, sie bei der nächsten Reise umzutauschen. Aber ich habe beim nächsten Mal den Laden nicht gefunden.

Das Ganze hatte ich natürlich im Bus erzählt.

Als letzte Möglichkeit, die Hose loszuwerden, sah ich eine „Modenschau" oder besser „Vorführung" im Bus.

Alle amüsierten sich, aber keiner wollte sie ernsthaft tragen.

Da kam mir die Idee, sie der griechischen Reiseleiterin zu schenken. Sie überlegte einen Augenblick und meinte dann lachend: "Na, der Opa wird sie schon anziehen."

Ich hoffe nur, dass ich wenigstens dem Opa eine Freude machen konnte.

Immer dann, wenn ich nach der Freizeit alle Gäste gesund und pünktlich im Bus habe, atme ich auf, denn auch für den Fahrer, der ja während all unserer Unternehmungen nicht mit dem Bus stehen bleiben kann, wird es dann kompliziert. Der Bus darf häufig nur zum Aus- und Einstieg halten, aber nicht parken. In solchen Momenten sorge ich mich um den Fehlenden, aber auch um den Fahrer.

Das Hotel „San Panteleimon Beach" in NEU PLATAMONAS war unser erstes Hotel, in welchem wir mehrere Nächte übernachteten, bevor wir nach Südgriechenland weiter fuhren. Katarina und ihr Mann Jorgos wurden Freunde für uns. Auch wenn wir, der Fahrer und ich, bei späteren Fahrten nicht in ihrem Hotel übernachteten, fanden wir eine Möglichkeit, uns gegenseitig zu besuchen.

So wurden der Fahrer und ich auch privat zu einer „typischen" Hochzeit im Hotel eingeladen. Unsere Reisegruppe übernachtete gerade in einem Nachbarort, und wir beide fuhren mit dem Taxi nach Neu Platamonas.

Das Brautpaar war in zwei unterschiedlichen Bergdörfern beheimatet.

Beide brachten sie ihren Popen, die Großfamilie und viele Bekannte mit, so dass etwa 350 Personen anwesend waren, als endlich die Hochzeitstorte angeschnitten wurde. Das geschah abends gegen 19.00 Uhr. Eine zahlenmäßig so große Hochzeit ist für die Brauteltern unbezahlbar, deshalb gibt es einen schönen Brauch. Alle geladenen Gäste befestigen an der Kleidung des Hochzeitspaares Geldscheine, ein Schein wurde mit dem anderen verbunden, so dass Papierbänder entstanden, die der Braut beispielsweise von der Schulter bis zum Kleidersaum reichten. Es war das letzte Jahr vor der Einführung des Euro, d.h. unser deutsches Geld war zwischen den Drachmen-Scheinen deutlich sichtbar.

Dann begann der Hochzeitstanz. Hier wurde nicht paarweise getanzt, sondern traditionelle Tänze standen im Vordergrund. Getanzt wurde im Kreis, wobei sich jeder einreihen konnte oder auch den Kreis bzw. die „Tanzspirale" verlassen konnte. Man fasste sich an den Händen, dabei gab es eine feste Reihenfolge. Die ersten Tänze wurden von den beiden Geistlichen angeführt, dann folgte der Brautvater, der Vater des Mannes, die Mütter, die Geschwister... Jeder der folgenden Tänze wurde auch genau in dieser Reihenfolge der zur Familie gehörenden Männer und Frauen getanzt. Im Verlaufe des Abends wurde die Musik immer schneller, mehrere Tanzkreise entstanden. Die Männer tanzten allein, voller Kraft und mit Ausdauer, sie hatten auch unseren Busfahrer in ihre „Männergemeinschaft" aufgenommen. Er musste den dem Sirtaki ähnlichen Tanz wiederholt durchstehen.

Mich hingegen schickte man zu den Frauen, Großmüttern und Kindern. Auch hier wurde getanzt, auch im Kreis, aber wesentlich langsamer.

Im Verlauf des Abends nahm sich der Brautvater sogar die Zeit, zu uns beiden zu kommen und sich für den Besuch zu bedanken. Eigentlich hatten wir ja zu danken, es war ein besonderes Erlebnis.

Die wenige Freizeit nutzte ich, um an der Küste über den weiß gelblichen Sandstrand zu laufen.
Wenige Kilometer in südlicher Richtung ragen die Umrisse einer mittelalterlichen Burg aus einem bewaldeten Berg hervor, die im 13. Jahrhundert erbaute Frankenfestung Platamon. Die fränkischen Kreuzritter hatten ganze Arbeit geleistet; die noch heute gut erhaltenen Mauern befanden sich damals an einem strategisch wichtigen Punkt, einer Landenge zwischen Meer und Olymp.
Erst als ich ganz nahe gekommen war, sah ich, dass die Festung auf einem Felsen gebaut worden war, vom Meer aus hatte ich keinen Zutritt. Ich kehrte also um.

Auf dem Rückweg zum Hotel erlebte ich folgendes:
Auf dem Meer trieben, aus meiner Sicht, zwei Tonnen, beide schwarz und rot in der Farbe. Was mochte das wohl sein? Brauchte jemand Hilfe? Hatten sich zwei Gegenstände losgerissen? Ich machte mir so meine Gedanken, als die scheinbaren Tonnen langsam an den Strand gespült wurden.
Und dann… möglicherweise habe ich sogar laut gelacht, als die Lösung meiner Sorgen sogar Beine bekam. Ich hatte zwei badende moslemische Frauen beobachtet. Beide waren von Kopf bis Fuß schwarz gekleidet. Das für mich tonnenförmige Rote waren rote, große Schwimmringe.

Ein andermal nutzte die gesamte Gruppe die Möglichkeit, mit dem Linienbus nach DION zu fahren, nur 17 Kilometer von Katerini entfernt. Dieser Besuch ist mir besonders in Erinnerung geblieben.

An diesem Ort fanden in der Antike die Olympischen Spiele Makedoniens statt. Heftige Erdbeben hatten im 5.Jahrhundert der antiken Stadt ein abruptes Ende bereitet.

Dion muss nach den Schilderungen eine blühende Stadt gewesen sein. Bei den Ausgrabungen fand man eine Stadtmauer, Grundmauern von Häusern, die nach einem regelmäßigen Stadtplan, schachbrettartig, gebaut waren, gepflasterte Straßen, Tempel, zwei Theater, ein Stadion…

Mich beeindruckten gleichermaßen die Ausmaße der Ausgrabungen, dann die zutage gebrachten Reste eines Hypokaustum, einer Art Wand- und Fußbodenheizung, die Größe der öffentlichen Toilettenanlagen (alle Personen sitzen nebeneinander) und die Schönheit der Reste von Säulen und Figuren.

Es gibt jedoch auch Erinnerungen an die Aufenthalte an der olympischen Riviera, auf die ich gern verzichten würde:

So wie jedes Jahr spazierten wir von Litochoron in das Tal des Enipeas. Bei unserer Rückkehr stürzte eine Frau in der Stadt kopfüber auf das Pflaster. Äußerlich war nur eine kleine Wunde auf der Stirn zu sehen. Zunächst weigerte sich die Frau kategorisch, das sich hier befindende Medizinische Zentrum aufzusuchen. Ich redete ihr und ihrem Mann lange zu, weil ich fürchtete, dass es etwas Ernstes sein könnte. Und ich behielt (leider) recht. Sie wurde sofort in die Universitätsklinik nach Thessaloniki gebracht, operiert und später nach Deutschland ausgeflogen.

Der Ehemann, völlig durcheinander, konnte sich nicht einmal an die Telefonnummern seiner Kinder zu Hause erinnern, die informiert werden sollten. Eine griechische Krankenschwester schaltete das Konsulat ein.

Nach strapaziösen (32!) Telefonaten zwischen uns, dem Reiseveranstalter im Heimatort und in Griechenland, der Versicherung, dem Ehemann und den Kindern konnten wir unseren Gast zunächst zu seiner Frau nach Thessaloniki bringen, von dort aus sollte er zusammen mit seiner Frau nach Deutschland zurückgebracht werden.

Der Fahrer und ich packten die Koffer der Gäste, weil der Mann der verletzten Frau meinte, dass er dazu nicht in der Lage sei, das sei immer Sache seiner Frau gewesen.

Wir bestellten ihm ein Taxi und ließen ihn nach Thessaloniki bringen, wo er von Vertretern der Botschaft eine Unterkunft vermittelt bekam.

Einen Tag später war er wieder in unserer Ferienanlage. Er musste mit uns die Reise zu Ende fahren, weil durch einen weiteren deutschen Krankheitsfall sein Rückflug nicht möglich war.

Was mich am Beispiel dieser Episode so betroffen macht, ist die Tatsache, dass ich offiziell nie erfahre, wie die „Geschichte" zu Ende geht. In diesem speziellen Fall weiß ich es bis heute nicht.

Tagelang haben sich die verschiedensten Betreuer um die Familie gekümmert, aber wir erfuhren bedauerlicherweise weder in Griechenland noch zu Hause, ob es der Familie gut geht.

Ein einziges Mal hat ein Reisegast an mich gedacht: Ich hatte in der Schweiz einen Mann mit großen Herzbeschwerden vom Grimselpass aus ins Krankenhaus nach Luzern bringen lassen. Am nächsten Tag reiste die Frau ihm nach. Ich kann auch verstehen, dass die Eheleute in einer derartigen Situation nicht an den Reiseleiter gedacht haben. - Vielleicht sechs Jahre später erhielt ich einen Anruf. Beim Sortieren der Ferienfotos waren die

Eheleute auf meine Telefonnummer gestoßen und bedankten sich nun für die von mir getroffenen Entscheidungen.

Ich war gerührt.

Betroffen macht mich auch die zweite Episode: Wir waren gerade im Hotel in Nei Pori angekommen. Zusammen mit einer allein reisenden Frau wollte ich einen langen Strandspaziergang machen. Der weiße Strand lockte, aber natürlich glitt unser Blick auch über die Verkaufsstände und Cafes, und damit auch über die Bilder, die wir auf allen Fernsehgeräten sahen. Schreckliche Bilder, auf allen dasselbe. Wir sprachen noch darüber, dass man solche Filme nicht brauche, dass man sie nicht den Urlaubern anbieten solle.

Es war der 11. September 2001.

Wir erfuhren erst nach den ersten Telefonaten mit der Heimat von diesen schrecklichen Terrorangriffen.

Wie gut sich während einer Reise alles zusammenfügt, hängt selbstverständlich auch vom Arbeitsverhältnis von Reisebegleitung und Busfahrer ab.

Einmal übernachteten wir in einer weitläufigen Ferienanlage mit Wohnbungalows. Die Speisen wurden in keinem heimeligen, kleinen Raum angeboten, sondern in einem Saal.

Ich war mit dem Fahrer zum Frühstück verabredet. Mein damals junger, unverheirateter Busfahrer schäkerte mit den Servicekräften ebenso wie mit den Gästen im Bus. Trotzdem achtete er auf meine möglichen Wünsche. Um aber unser „Verhältnis" zueinander vor den anderen,

fremden Gästen zu verdeutlichen, rief er vom Kuchen-
buffet, das sich einige Tische entfernt befand, laut und
deutlich: „Soll ich Dir ein Stück Kuchen mitbringen,...
Mutter?"
Damit war geklärt, dass ich keinesfalls seine weitaus ältere Freundin sein konnte.
Wir haben damals darüber gelacht und die damit verbundenen Themen erörtert, und immer, wenn wir später bei
Reisen betonten, dass wir uns schon Jahrzehnte kennen,
erzählen wir die
„Mutter-Geschichte".

Leider ist es so, dass gerade in den etwas größeren Spei-
sesälen, die weniger vom Personal zu übersehen sind,
die Touristen Speisen mitnehmen, die sie nicht bezahlt
haben, denn der gebuchte Reisevertrag bezieht sich nur
auf das Frühstück und das Abendbrot; es ist keine Zwi-
schenverpflegung geplant, egal welchen Namen sie
trägt. Das gilt auch für das Obst. Die Gäste argumentieren dann etwa so: „Es ist doch nur eine Apfelsine (oder
nur eine Banane); es ist doch so viel da."
Es ist schon peinlich genug, dass wir Reiseleiter die
Gäste darauf hinweisen müssen, kontrollieren müssen
die Hotels. Die wiederum stellen Kärtchen auf die Tische oder hängen Verordnungen an die Wand.
Diese Mitnehmen-Mentalität ist grässlich!

Da fällt mir ein Beispiel während einer Tagesfahrt in der
Heimat ein, wo ich besonders verärgert war:
„Tagesausflug-Frauentagsfeier": Die Tische waren ein-
gedeckt. An jedem Platz stand für jede Dame ein Usam-
baraveilchen. Vier Damen hatten storniert. Die Veilchen
standen aber auf dem Tisch. Schon während des Essen

wurden die Blumen hin und her geschoben. Es gab unterschiedliche Farben bei den Blüten. Schließlich hatte sich jede der Frauen für einen Topf entschieden.

Ich ahnte, was am Ende der Veranstaltung geschehen würde. Die Frauen griffen auch völlig ungeniert nach den Töpfen. Zu einer der Damen sagte ich: „Sie haben doch ihren Topf hier in der Tasche." Ihre Antwort: „Na und, was woll'n denn die (gemeint waren die Frauen, die sie den ganzen Tag verwöhnt hatten) damit machen?"

Wie gesagt, ich war enttäuscht von meinen Gästen und antwortete scharf: „Die sind auch Frauen, und die Männer, die Sie bedient haben, sind Söhne und Väter."

Zu Hause angekommen entschuldigte sich eine Reisende für das Verhalten ihrer Nachbarin.

Meine Enttäuschung blieb.

Die Reiseverläufe wurden mit den Jahren verändert, die unterschiedlichen Reiseveranstalter bevorzugten in ihren Programmen jeweils verschiedene Tagesziele.

Durch diese Entscheidungen fuhren wir mehrfach in die antiken Königsstädte der Makedonier, VERGINA und PELLA.

Erst nach 1938 begannen die Grabungen in der ehemaligen Hauptstadt Vergina, und erst 1977 wurde das Grab Philipps II. gefunden. Ein Tumulus, der im Durchschnitt 100 Meter betrug und 13 Meter hoch war, bedeckte das Grab Philipps und andere Königsgräber. Das 1997 eröffnete Museum entspricht äußerlich diesen beeindruckenden Maßen.

Gruppe um Gruppe, Schulklassen, Touristen und wieder Schulklassen zogen durch das Museum. So auch wir.

Während der Weiterfahrt nach Pella fuhren wir wieder durch fruchtbares Land. Die Felder waren hier kleiner. Kiwi-Plantagen, Pfirsich- und Kirschbäume, Mais und Tabak dominierten. Eine Schneckenzucht, ein Geflügelhof und mehrere Autofriedhöfe unterbrachen den Blick auf die flachen Felder.

Dörfer sieht man kaum, sie sind vom Häusermeer Thessalonikis geschluckt. Nach 30 Kilometern erreichen wir Pella am Hang des Vermion-Gebirges.

Pella war ca. 200 Jahre vor unserer Zeit Hauptstadt Makedoniens und das rund 250 Jahre, dann wurde sie von der Stadt Thessaloniki überflügelt. Die Könige Philipp und Alexander residierten in Pella in einem großen Palast, dessen Fußbodenmosaike uns noch heute staunen lassen. Aus weißen, schwarzen und verschiedenen graufarbigen Kieselsteinen wurde beispielsweise eine Löwenjagd gestaltet.
Die Ausgrabungen sind noch lange nicht abgeschlossen. Das neue Museum beeindruckt jedoch schon jetzt mit seinen gefundenen Alltags- und Schmuckgegenständen.

4. EINIGE TAGE AUF DEN SPUREN SCHLIE-MANNS

Nur ein einziges Mal fuhren wir mit dem Bus durch die TÜRKEI und wieder zurück nach Griechenland, diese Reise nannte sich „Auf den Spuren Schliemanns".
Das war von Beginn an ine „besondere" Reise. Einmalig waren nur 17 Gäste mit uns im Bus, ihr Alter war zwischen 50 und 80 Jahren.

Bis zum Hafen von Igoumenitsa verlief sie wie andere Fahrten auch.
Dort aber erfolgte die erste große Aufregung, der noch eine Reihe anderer folgen sollten.

Voller Erwartungen gingen wir wie immer zu Fuß von Bord. Wir waren die einzigen Reisenden, die hier im Hafen das Schiff verließen. Die Gäste bestaunten das Ausladen der großen Trucks, der Sattelschlepper, zählten PKW und Wohnwagen. Wir standen und standen. Allmählich wurden es weniger Autos, die vom Schiff rollten. Nacheinander wurden die Fußgängerbrücke und eine Verladerampe eingeholt. Als die zweite folgen sollte, wurde ich nervös und rief immer wieder: "Mein Bus! My bus! My bus is on the deck!" Meine Gäste stimmten in meine Rufe ein. Die Schiffsbesatzung überfiel ich lautstark mit einem englisch-deutschen Sprachgemisch. Endlich schienen sie verstanden zu haben. Die Brücken wurden wieder herunter gelassen. Lange Zeit passierte danach nichts. Dann kam eine Zugmaschine über den Platz gefahren und verschwand im Schiff. Und dann, endlich, wurde von ihr ein Truck an einer Metallkette herausgezogen, der wohl das Entladen des oberen

Decks verhindert hatte. Danach rollten Campingwagen, Campingwagen, Campingwagen… Irgendwann war auch unser Bus zu sehen. Mit großen Gesten begrüßten wir unseren Fahrer, der von alledem nichts mitbekommen hatte. Er hätte sicher erst nach der Abfahrt bemerkt, dass er schon auf dem Weg nach Patras war.

Wie gesagt, es war eine Fahrt mit besonderen Herausforderungen für alle, natürlich besonders für den Fahrer. Denn, oben im Westlichen Pindos, also im Hochgebirge, sagte mir der Fahrer, dass der Retarder, eine Zusatzbremse, nicht funktioniere. Folglich musste er mit Gang und Bremse das stundenlange Auf und Ab bewältigen. Als wir im Tal, in Kalambaka, angekommen waren, dampften die Reifen bedenklich. Sie waren nicht nur heiß, sondern sie qualmten. Fazit: der Bus musste in die Werkstatt, gleich mehrere Reifen mussten gewechselt werden. Der Vertreter des Reiseveranstalters, ich nenne ihn in der Folge Tassos, hatte über Nacht die Reparatur erwirkt; wir konnten unsere Reise fortsetzen.

Planmäßig erfolgte, wie bei anderen Reisen auch, die Stadtrundfahrt in Thessaloniki, und nach nur kurzer Freizeit fuhren wir diesmal ostwärts, vorbei an dem Hinweis auf den historischen Ort Philippi. Zur zweiten Pause an diesem Reisetag waren wir immer noch zeitlich planmäßig in Kavala, und danach wollten wir die griechisch-türkische Grenze passieren.

KAVALA liegt am Golf wie ein Amphitheater. Wir verließen die Autobahn und fuhren hinunter ins Zentrum, Richtung Hafen.

Meine Ziele für die anstehende Pause waren der zweistöckige Viadukt aus dem 16.Jh., der auf allen Ansichtskarten zu sehen war, dann ein Blick auf die byzantinische Burg, weiter auf den modernen Hafen, der der Hauptausfuhrhafen für makedonischen Tabak ist, sowie auf die kleinen malerischen Fischerboote und in der Ferne auf die Insel Thasos, die nördlichste Insel in der Ägäis.

Kavala war in alter Zeit der Hafen von Philippi.

Bei einer anderen Reise, Jahre später, konnte ich mir auch die Ausgrabungen von PHILIPPI ansehen. Sie befinden sich in knapp 20 Kilometer Entfernung. Der Name lässt schon vermuten, dass die antike Stadt von Philipp II., dem Vater Alexanders des Großen, gegründet wurde.

Über den Ruinen der Antike bauten die Römer. Der spätere römische Kaiser Augustus hat in einer Doppelschlacht als Feldherr seine Machtansprüche angemeldet. Makedonien wurde römische Provinz und Philippi eine römische Stadt mit Stadtmauern, einem römischen Forum, Theater und schachbrettartigen Straßen. Ich staunte darüber, nicht nur ein einzelnes Bauwerk zu sehen, sondern den Grundriss einer Stadt mitsamt seinen Bauwerken.

Natürlich war auch hier beispielsweise das Theater aus alten und neuen, viel helleren Steinen rekonstruiert worden. Ich betrachtete einzeln stehende Säulen, ausdrucksstarke Kapitelle, Reste alter Bäder, Mosaiken...

Selbst die letzten Reste der alten römischen Egnatia, die von Rom nach Konstantinopel führte, waren erkennbar.

Möglicherweise hat die Ausbeute aus den Goldbergwerken der Region dazu beigetragen, dass die römischen und griechischen Bauten so besondere Kleinode waren und sich viele römische Veteranen ansiedelten.

Ob in Korinth, Thessaloniki oder hier in Philippi kamen unsere kundigen Reiseleiter auf den Apostel Paulus zu sprechen.
Das war ein Grund für mich, im „Neuen Testament" nachzulesen.

Paulus hat nach seiner Entscheidung, dass aus dem Christenverfolger, der er war, ein Sendbote und Verteidiger des christlichen Glaubens wurde, die ersten christlichen Gemeinden gegründet. Diese Gemeinden unterstützte und stärkte er trotz schwerer Anfeindungen mit seiner Zuversicht, seinen ethischen Werten, seinen Warnungen vor den Christenverfolgungen. Allerdings stimme ich mit ihm überhaupt nicht überein mit dem, was er über die Frauen in seinen Korinther Briefen ausgesagt hat.
Das alles ist in den Briefen des Paulus an die jeweiligen Gemeinden nachzulesen.
Uns wurde auch ein „Steinhaufen", mehr eine Höhle, gezeigt, in der Paulus jahrelang gefangen gehalten wurde. Ich war drin und habe auch den höhlenartigen Verhau fotografiert. Meine Zweifel blieben, ob es der richtige Ort war, in dem Paulus gefangen gehalten wurde. Im Neuen Testament hatte ich gelesen, dass Paulus von hier an „seine Gemeinden" schrieb.
In diesem „Loch" wäre das keinesfalls möglich gewesen.

Auf der Autobahn kommen wir gut voran. Rechter Hand haben wir immer wieder den Blick auf die Ägäis, und auf der linken Seite steigt wieder ein Gebirgszug in Höhen bis über 2 000 Meter (Rhodope-Gebirge). Dort verläuft die Grenze zu Bulgarien.

Von hier kommt der griechische Tabak. Wir fahren entlang der Tabakfelder: Tabak, Tabak… Tabakfabriken, Ausfuhrhäfen, hauptsächlich für Tabak.

In der TÜRKEI.

Endlich, hinter Alexandroupoli, die Grenze.

Wir beide, der Fahrer und ich, hatten ja bereits „Grenzerfahrungen", aber hier war alles anders. Ich meldete mich, wie gewohnt, bei den Uniformierten, zunächst mit Reiselisten, dann mit eingesammelten Ausweisen und Listen, dann noch mehr Listen… Ich pendelte also zwischen Bus und türkischen Beamten.

Sie nahmen mich einfach nicht ernst. Vielleicht, weil ich eine Frau war? Ich erinnerte mich, dass man mir an der serbischen Grenze gesagt hatte, dass man mit Frauen nicht verhandle.

Ich schickte den Fahrer. Auch er pendelte.

Wir schrieben per Hand neue Listen.

Ich erinnerte mich in diesem Augenblick nicht daran, dass mir meine Kollegen erzählt hatten, dass sie beim Grenzübergang in Marokko immer einen hohen Euro-Betrag in den obersten Ausweis legen würden. Wäre mir das doch an dieser Stelle eingefallen!

Letztendlich mussten dann die Gäste aussteigen und den Ausweis persönlich vorzeigen. Jeder bekam einen kleinen weißen Papierstreifen mit einem Stempel; dann wechselte die Gruppe zum nächsten Zollgebäude, die Reisenden zeigten den Ausweis und gaben den kleinen weißen, gestempelten Zettel ab. Dann hatten wir es geschafft, waren in der Türkei. Das Passieren der Grenze dauerte zwei volle Stunden.

Etwa 20 Kilometer hinter der Grenze wartete ein örtlicher Fremdenführer auf uns, der über unsere Verspätung murrte.

Meine Gäste stellten die berechtigte Frage, weshalb er uns nicht beim Grenzübertritt behilflich gewesen war.

Er begleitete uns zur Übernachtung nach Canakkale und an den folgenden Tagen.

Mit ihm fuhren wir an diesem Tag noch etwa zwei Stunden in südlicher Richtung entlang der Dardanellen. Die DARDANELLEN sind eine Meerenge oder ein schmaler Kanal zwischen Ägäis und Marmarameer. Die Fähre, die uns auf die andere Seite des Kanals nach Canakkale bringen sollte, war voll, noch einmal mussten wir warten, bis uns die folgende Fähre mitsamt Bus übersetzte.

Rückblick:
Schon einmal sorgte die Durchfahrt durch die Dardanellen für Verspätung bei einer Reise, bei meiner Mittelmeerkreuzfahrt.

Damals schrieb ich folgendes nieder:
Diesen Reisetag, beginnend mit der Durchfahrt durch die Dardanellen, stelle ich mir besonders interessant vor. Früh, 5.30 Uhr, also nach mitteleuropäischer Zeit 4.30 Uhr, stand ich auf, um die Einfahrt nicht zu verpassen. Außer mir geisterten nur wenige Reisende über das noch nächtliche Schiff. Den Sonnenaufgang erlebte ich 6.16 Uhr. Er war beeindruckend,
wundervoll…
Aber von einer Meerenge war nichts zu sehen. Wieder einmal hatte unser Schiff Verspätung, mehr als zwei Stunden. Grund: Hoher Wellengang.
Dann endlich, die Dardanellen. Nach meinen „Erfahrungen" heute, kann ich verstehen, dass durch den kräftigen Wind und die Strömung dem Perserkönig Dareios 490 v.u.Z., der mit seinem riesigen Heer die Dardanellen queren wollte, die aus Schiffen gebaute Pontonbrücke auseinander getrieben wurde.
Ein eisiger Wind wehte bei 11 Grad, die Sonne wurde immer wieder von den Wolken verdeckt. Und wir brauchten erneut länger als im Schiffsbulletin ausgewiesen.

Zurück aber zu unserer Busfahrt.

Der heutige Abend war mild, und das letzte kleine Stück bis zum Hotel verlief ohne Zwischenfälle.

Canakkale war für mich persönlich sehr wichtig. Dort hatte meine Tante Marta gelebt, die mit ihrem Mann nach seinem Studium in Deutschland in die Nähe dieses Ortes zog. Er handelte mit landwirtschaftlichen Maschinen. Als Kind habe ich meine Tante um ihr abenteuerliches Leben beneidet; ihr Mann besaß große Ländereien, ja sogar eine kleine Moschee war im Familienbesitz. Wenn sie aber ihre Verwandten in Deutschland besuchte, dann hatte sie nicht einmal genug Geld, um sich genügend Zigaretten zu kaufen. Wohlgemerkt, sie war eine starke Raucherin. Wir verstopften während ihrer Anwesenheit alle Schlüssellöcher mit Papier, damit nicht das gesamte Haus verqualmt würde.

Nun hatte ich die Chance, alle und alles mit eigenen Augen zu sehen. Leider wurde daraus nichts. Durch unsere Verspätung, hervorgerufen durch die stundenlangen Grenzkontrollen, kamen wir erst nach 20.30 Uhr im Hotel an.

Und am frühen Morgen fuhren wir nach Troja, von da „Auf den Spuren Schliemanns" weiter und übernachteten mehrere Nächte in Kusadasi.

An einem dieser Abende musste der Fahrer J. zum Tanken fahren, und ich begleitete ihn. Diese Gelegenheit wollten wir nutzen, um einen Bummel durch die Stadt zu machen.

Als wir die Rufe des Muezzins vernehmen, folgten wir dem Klang. Im engen Straßengewirr fanden wir den Eingang in die Moschee nicht schnell genug, vielleicht waren wir auch nur zu zögerlich in der Ausführung unserer

Idee. Jedenfalls war die Tür schon geschlossen, das Gebet hatte begonnen. Aber immerhin klopfen wir an die geschlossene Tür, und als diese von einem jungen Mann, den wir beide für der "Einlassdienst" hielten, noch einmal geöffnet wurde, legten wir ihm dar, dass wir gern in die Moschee wollten. Er verstand unser Anliegen, verschwand wieder und teilte uns kurze Zeit später mit, dass wir nach dem Gebet in die Moschee dürften. Also, Schuhe aus und warten.

Endlich bat uns der junge Mann einzutreten. Wir standen in einem großen Raum ohne Gestühl, dafür mit Teppichen ausgelegt. Gleich würde uns der Imam empfangen! Am Eingang lagen in einem Korb eine Vielzahl von Seidentüchern. Da ich Caprihosen trug, nahm ich fälschlicherweise an, dass ich die Tücher ähnlich einem Rock umbinden sollte. Falsch, ich sollte meinen Kopf bedecken. Das war mir außerordentlich peinlich, weil ich selbstverständlich wusste, dass ich das Tuch für den Kopf zu verwenden hatte. Kurzschluss.

Ich war sehr davon angetan, dass der Imam sich für uns zwei Touristen Zeit nahm, uns in der Moschee herum führte, uns auf unsere Fragen antwortete. Erstmals erfuhr ich, weshalb die Menschen im Gebet so nah beieinander sitzen und dass die letzten Worte des Tagesgebetes „assalamu alaikum" „Friede sei mit dir" sind.

Ehrlich, ich war beeindruckt.

Warum sollten unsere Gäste diese Erfahrung nicht auch machen?

Ich bat unseren türkischen Reiseleiter, mit uns in eine noch „aktive Moschee" zu gehen.

Nein, eigentlich habe ich ihn nicht gebeten, sondern deutlich gemacht, wenn er uns außerhalb des Programms in eine Teppichfabrik führen will, dann möchten wir bitte auch in eine Moschee. Damals wusste ich nicht, dass „Teppich" ein Muss ist, auch wenn es nicht im Programm steht.

Jedenfalls besuchten wir eine kleine Moschee, wo jede Familie ihren eigenen Gebetsteppich liegen hat.

Von christlichen Kirchen kennen wir das. Die Sitzplätze sind mit Namensschildern versehen oder mit Sitzkissen und Gesangbüchern belegt.

Wie alle Moscheen, die ich bisher sah, hatte auch dieses Gebäude wunderschöne, bunt verglaste Fenster. Die Sonne schien von draußen ins Innere, es war ein beeindruckendes Farbenspiel.

Der türkische Reiseleiter hat aber in der verbleibenden Reisezeit nicht vergessen, dass ich diese Bitte ausgesprochen habe. Er hat mich in den folgenden Tagen wie Luft behandelt und noch schlimmer.

Unsere Gäste wollten gern einen „richtigen Basar" sehen.

Unserem redegewandten türkischen Reiseleiter gelang es trotzdem problemlos, die Gäste in einen Teppich-Markt zu locken. Er machte den Reisenden einfach Angst, dass „auf dem Basar so viele Dinge geschehen könnten". Ich war entsetzt, weil es ja auch um das Image seiner Landsleute ging. Ich musste ihn gewähren lassen. Ich selber aber „machte mich aus dem Staube". Der Basar war vielleicht nur 400 Meter entfernt. So viele Geschäfte! Ich war gewillt, den Glanz und die Farbenpracht zu genießen. Silber- und Goldschmuck, Antiquitäten aller Art, Tücher, Teppiche, Stickereien, Lederwaren, Schnitzereien, Shishas… Alles das lag drapiert vor mir, hing an Wänden und Decken, füllte die Regale. Ich war überwältigt.

Aber stehen bleiben konnte ich nicht, geschweige denn mir etwas in Ruhe ansehen. Die Verkäufer sprachen mich augenblicklich an, drängten mir ihre Ware sofort auf. Und immer wieder erkannten sie in mir die deutsche Touristin. Woran nur? Ich war allein und hatte kein einziges Wort in deutscher Sprache gesprochen. Es blieb mir also nichts weiter übrig, als ziemlich schnell durch den Basar zu „rennen" und die Augen offen zu halten für all die Schönheiten der türkischen Kultur.

Ich habe den Reiseleiter und auch die Gäste nicht gefragt, ob sie einen Teppich erworben haben.

5. AUS DER TÜRKEI ZURÜCK NACH GRIECHENLAND

DER AUFENTHALT IN ATHEN

Es ist hier nicht der Platz, weiter über unsere Erlebnisse in der Türkei zu erzählen, aber unbedingt über unsere Rückkehr nach Griechenland.

Von Cesme aus, einem türkischen Urlaubsort mit herrlichem Sandstrand, sollte die Überfahrt zur Insel CHIOS erfolgen. Wir warteten auf eine Fähre.

Uns näherte sich jedoch ein kleines Schiff mit türkischer Flagge. Es ist zu klein, um unseren Bus mitzunehmen, dachte ich.
Aber es war tatsächlich das Schiff, das uns und unseren Bus nach Chios bringen sollte.
Wahrscheinlich war es der Kapitän, in Filzpantoffeln schlurfte er heran und begann, mit unserem türkischen Begleiter zu verhandeln. Schließlich wurde uns mitgeteilt, dass unser Bus verladen werden könne.
Ich habe Fotos, auf denen man sehen kann, dass ein Viertel und mehr des gesamten Busses aus der Ladeluke herausragt. 90 Minuten dauerte die Überfahrt, für mich waren es die längsten Minuten einer Fährfahrt! Während der gesamten Zeit schaute ich voller Bangen nach dem Bus und rechnete ernsthaft damit, dass wir diese Fahrt nicht ohne weiteres überstehen.
Im Hafen von Chios ergaben sich gleich zwei neue Probleme: Unser Schiffchen lag zu tief im Wasser, der Bus konnte nicht an Land fahren. Ich bewunderte „unseren

Buskapitän", der all die folgenden Experimente mitmachen musste, um unseren Bus an Land zu bringen. Hauptsächlich waren es Seilrollen und Holzbretter, die untergelegt wurden… Und wieder Seile und Holzbretter!

Auch diesmal glaubte ich mit Sicherheit zu wissen, dass es nicht klappen konnte. Aber nach einer gefühlten Stunde rollte der Bus doch an Land.

Als ich danach im Hafen Tassos, den Vertreter der griechischen Agentur, sah, ahnte ich, dass das kein gutes Zeichen für den weiteren Verlauf der Reise war, und ich sollte recht behalten.

Weshalb die Nachtfähre nach Athen ausgefallen war, weiß ich nicht mehr. Wir hätten dort Schlafkabinen gehabt. Er habe, so erklärte er, die Reisegruppe auf eine andere Fähre gebucht, und er sei extra „eingeflogen", um uns zu helfen, auf dem zweiten Schiff, das planmäßig fahren würde, Kabinen für die Nacht zu bekommen. Da das Schiff aber sehr spät abfahren würde, lade er uns zu einer Rundfahrt auf der Insel und einem griechischen Essen in einem angesagten Restaurant ein. Die Gäste waren begeistert, aber ich ahnte Schlimmes.

Als wir danach im Hafen ankamen, war das Gedränge schon riesig. Glücklicherweise waren unsere Koffer im Bus. Von Schlafkabinen war keine Rede mehr, auch Tassos war machtlos. Mehr durch Zufall wurde unsere kleine Gruppe in einen Kinoraum gedrängt. Wir fanden durch gegenseitige Unterstützung alle einen Sitzplatz für die Nacht. Die Fähre war restlos überladen. Die Reisenden standen und lagen in den Gängen, „kämpften" regelrecht um jeden Stuhl.

Wir mussten sogar erleben, dass die Schiffsbesatzung mit gezogener Waffe in unseren Aufenthaltsraum stürmte. Menschen schlugen aufeinander ein, es fiel ein Schuss. Niemand erklärte uns, was geschehen war. Ich erfuhr es auch später nicht.

Am frühen Morgen stand ich schon an der Reling und wartete auf den Augenblick, wo unsere Fähre das KAP SOUNION passieren wird.

60 Meter über dem Meer, auf einer Klippe, erhebt sich der antike Poseidon-Tempel. Jetzt sind es nur noch die Reste eines weißen Marmor-Tempels aus dem 5.Jahrhundert v.u.Z., Reste mit dorischen Säulen. Immer noch stehen 16 Säulen aufrecht.
Ich kann mir nicht vorstellen, dass die Säulen ohne Restaurierung der Zeit so lange trotzen konnten.
Am beeindruckendsten soll der Blick auf den Tempel bei Sonnenuntergang sein, deshalb sah unser Reiseplan im Normalfall auch vor, am Abend am Kap Sounion zu stehen und nicht, wie in diesem Fall, morgens unausgeschlafen und in zu großer Entfernung daran vorbeizufahren.

Aus einer griechischen Tourismusbroschüre schrieb ich ab: „Vor allem bei Sonnenuntergang ist es ein beeindruckender Anblick, wenn sich die Säulen gemeinsam mit dem Himmelszelt verdunkeln, um schließlich ganz mit der Nacht zu verschmelzen."

Bis nach PIRÄUS konnte es nun nicht mehr lange dauern. Da es sowieso keinen Platz im Inneren der Fähre gab, blieb ich an der Reling stehen und betrachtete den an mir vorbeiziehenden Küstenstreifen Attikas.

Ich erinnerte mich an meine Reise mit der MS „Rhapsody" ins östliche Mittelmeer. Auf dieser Reise legte unser Schiff, so wie auch bei der Rückkehr aus der Türkei, in Piräus an.

Piräus war damals auf meiner Wunschliste für eventuelle Ausflüge die Nummer eins.
Deshalb buchte ich ihn zusätzlich zum allgemeinen Programm.
Seit Jahren versuchte ich, die Hafenstadt in mein Freizeitprogramm bei Griechenland-Fahrten aufzunehmen.
Wolf, mein ehemaliger Klassenkamerad, der hier gearbeitet hatte, sprach immer vom Segelhafen, von den Tavernen, den Kafenions, Cafes, in denen nur die Männer sitzen, stundenlang. Kurz gesagt, er meinte, das Schönste von Athen und Piräus sei das Flair des Hafens.
Aber ein Spaziergang durch Piräus wurde nicht angeboten. Folglich saß ich doch wieder im Bus. Ziel war der Poseidon-Tempel auf der Südspitze Attikas. Fakt war, wir fuhren bei diesem Ausflug durch die Stadt.
Auf diese Weise konnte ich einen Blick auf die antiken Yachthäfen in Piräus erhaschen, die von Pomeranzen-Bäumen gesäumt und mit Booten aller Größen gefüllt waren. Sicherlich hat mein Wolf vom Hafen Nr. 33, dem Mikrolimano, geschwärmt, denn der liegt malerisch als Einschnitt in einem größeren.
Diesmal saß ich, wie jeder andere Gast, im Bus und war nicht für den Ausflug verantwortlich. Das war angenehm, man achtet auf ganz andere Dinge während der Fahrt.

Die Uferstraße zur Spitze der Halbinsel, zum Kap Sounion, führt um viele Buchten, so dass der Betrachter einen kleinen Einblick in die landschaftlichen Veränderungen hat. Hügel aufwärts, hoch und höher kriechen neue Siedlungen oder auch nur einzelne Häuser. Es sind keine Hochhäuser mehr, meist nur Zwei- und Dreigeschosser oder aber riesige Hotelkomplexe, umgeben von weiß gestrichenen Mauern und üppig blühenden Pflanzen. Oberhalb dieser Bauten ist die Landschaft karg; Kräuterbüschel (Oregano, Salbei) und Ginster gedeihen, der felsige vorherrschende Kalkstein verdrängt das Grün.

Vorbei geht die Fahrt an olympischen Anlagen, die riesengroß erscheinen. Die uns begleitende Reiseleiterin wies auf die Halle "zum Tauchen" hin. „Tauchen? Das ist doch keine olympische Disziplin", dachte ich. Dann fiel mir ein, dass es die Halle für das Wasserspringen sein könnte.

Für mich war dieser Ausflug nach Sounion ein Tag ohne Verantwortung, nur zum Genießen.

WIEDER AUF DER GEWOHNTEN ROUTE

Bei allen Reisen waren wir zuerst in Nordgriechenland. Etwa nach der ersten Hälfte des geplanten Aufenthaltes fuhren wir dann nach Süden. Unsere Hotels befinden sich dann am Golf von Korinth oder aber, wie bei den beiden ersten Reisen, im Osten der Halbinsel Attika, in Nea Makri.

NEA MAKRI ist eine kleine Stadt in der Ebene von Marathon.
Das Wort Marathon ist jedem Bürger bekannt, jedoch meist nur im Zusammenhang mit dem „Marathonlauf". Aber dieser Lauf hat eine Geschichte, die hier in der sumpfigen, von Bergen umgebenen Ebene ihren Anfang nahm.

Im Jahre 490 v.u.Z. besiegten die vereinigten Athener nach schwerer und lang dauernder Schlacht die persische Armee unter Dareios. Der Heerführer der Griechen schickte einen Schnellläufer mit der Siegesnachricht nach Athen. Der Bote, der die Strecke lief, soll den Sieg verkündet haben, bevor er tot niederfiel. Ihm und den siegreichen Kämpfern war der erste sportliche Wettkampf, der Marathonlauf, gewidmet.
Am Ort der Schlacht erinnert ein Grabhügel, zehn Meter hoch und vom Umfang einem Stadion vergleichbar, an den genauen Ort der Schlacht. Der Tomb mit dem Denkmal eines griechischen Hopliten ist von Pinien, Zedern und Kiefern umrahmt.
Hopliten waren die schwerbewaffneten griechischen Kämpfer, die mit Helm und Federbusch, vor allem aber mit der großen Stoßlanze und dem runden Schild auch auf vielen historischen Zeichnungen zu sehen sind.

Als wir mit dem Bus nach Athen fuhren, sahen wir mitten auf der Straße einen durchgängigen blauen Strich. Das soll die berühmte Strecke gewesen sein, die der den Sieg verkündende Läufer nach Athen wählte.
Die Ebene war und ist sumpfiges Gebiet. Unser kleines, strahlend weißes Hotel in Nea Makri war über und über von Mücken besiedelt, wir nannten es deshalb einfach

nur "Mücken-Hotel". Bei unserer Ankunft war es draußen und drinnen gleichermaßen heiß; eine Klimaanlage existierte in dem Teil des Hotels, wo unsere Zimmer waren, nicht. Das einzige, was wir tun konnten, war, alle Fenster und Türen zu öffnen, also Durchzug überall.

Ich erinnere mich, dass ich die ganze Nacht unter dem Bettlaken saß und kaum einen Augenblick schlafen konnte.

Am Morgen des folgenden Tages klagten alle Gäste. Sie hatten wenig geschlafen, waren alle, wie ich auch, von Mücken zerstochen. Deshalb machte ich mich sofort auf den Weg, um Mückenstecker für alle Zimmer zu kaufen. Griechische Mückenstecker! Das sind die mit den blauen Blättchen, die eingelegt werden müssen. Das sind die einzigen, die auch etwas bringen.

Aber gegen die Mücken draußen gab es keine Hilfe

Bei der darauf folgenden Fahrt wechselten wir das Hotel in Nea Makri, aber die Mücken waren auch dort unser Begleiter.

Hier in diesem zweiten Hotel passierte mir etwas Peinliches:

Bei der Ankunft im Ort begann es bereits zu dunkeln. Der Bus parkte in der Hafenstraße, der Zugang zum Hotel war für den Bus zu schmal. Ich eile möglichst schnell die Gasse zwischen den Mauern entlang. Mit dem Blick suche ich den Eingang, die Rezeption. Endlich, ich sehe den Eingang, laufe zur Tür, und ich stecke mit beiden Füßen im frischen Beton. So konnte ich das Hotel nicht betreten. Deshalb lief ich zurück zur Straße, suchte einen Nebeneingang. Betreten schaute ich auf meine Füße hinunter, die Schuhe waren nicht mehr zu gebrauchen. Aber es ging ja nicht um mich. Ob ich ein Schild übersehen hatte, dass auf die Bauarbeiten hinwies, erfuhr ich nicht, ich kannte die Sprache nicht und war nur auf den Hoteleingang fixiert. Also zog ich meine Schuhe aus, suchte den Nebeneingang, meldete uns an…

Weder dem Hotelier noch den Gästen sagte ich etwas. Als wir am nächsten Abend von unserem Ausflug zurückkehren, waren auf dem Beton Fliesen aufgebracht. Meine Fußspuren waren der Ewigkeit anvertraut. Meine Schuhe dem Abfalleimer.

Ein Bus wird nicht nur gefahren, sondern nach Möglichkeit täglich innen und außen geputzt. Wir, der Fahrer und ich, waren am Abend gerade damit fertig, als ein Gewitter aufzog. Es stürmte, und ein Regenguss prasselte auf unseren frisch gewaschenen Bus. Was jetzt geschah, hätte ich nicht für möglich gehalten. Rote Wasserbahnen liefen vom Dach unseres weißen Busses, wirklich richtig rote. Der Gewittersturm hatte den Sand aus der Sahara hierher getragen. Ich habe so etwas nie wieder erlebt.

Wir waren, wie ich schon schrieb, nur während der ersten beiden Reisen in Nea Makri. Aber bei beiden Touren scheinen wir auch die „Defekthexe" an Bord gehabt zu haben. Beide Male (aber unterschiedliche Busse) fiel die Klimaanlage aus, und der Fahrer musste den Bus zur Reparatur nach Eleusis bringen, d.h. nach dem ohnehin schon anstrengenden Fahrtag verbrachte er die halbe Nacht in der Werkstatt.

In beiden Fällen wurde uns gesagt, dass unsere Fahrzeuge eben nichts für das griechische Klima seien. Aber sie wurden repariert!

Um von Nea Makri nach Athen zu gelangen, muss man einen Gebirgszug überqueren, also erst hinauf und dann wieder hinunter. Wie so häufig in Griechenland war es zuvor zu einem Waldbrand gekommen, der den gesamten Kiefernwald zerstört hatte. Durch die Hitze sind die Wälder sehr gefährdet, schon kleinste Glasscherben können zu Bränden führen. In den Bergregionen kann man die Feuer nur "von oben" löschen, ein unmögliches Unterfangen bei der Größe der betroffenen Flächen. Uns starren nur die verkohlten Baumstümpfe an, schwarze Gerippe, ein ganzer Berg solcher schwarzer Baumskelette.

Man erzählte uns, dass es sich womöglich bei diesem Wald um Brandstiftung gehandelt habe, um preiswerter Grund und Boden zu erwerben. Aber ob das stimmt, wissen wir natürlich nicht.

Mit großer Anteilnahme verfolgte ich im heißen Sommer 2018 das Geschehen um die Waldbrände nördlich von Athen.

Wir erlebten selbst solche viel geringeren Ausmaßes südöstlich von Athen bei Elefsina. Bis zu 25 Meter weit springen die brennenden Zapfen der Kiefern. Dadurch verbreitet sich der Brand schnell. Dazu kommt noch der Wind, der vom Meer kommt und das entstandene Feuer beschleunigt.

Wir sahen aber auch, wie schwierig sich die Löscharbeiten gestalteten, obwohl fast im zehn Minuten Takt die Löschflugzeuge ihre Wasserschächte öffneten.

ATHEN

Wir orientierten uns damals noch an Landkarten und Stadtplänen, mussten Fahrtzeiten selber ausrechnen. Unseren Stadtführer für die Hauptstadt trafen wir erst auf dem Parkplatz vor der Akropolis. Aber auch damals kamen wir pünktlich an.

In den meisten Fällen besuchten wir die Hauptstadt nur einen einzigen Tag; nur ein einziges Mal, als wir aus der Türkei kamen, schliefen wir in einem Hotel direkt in der Stadt. Das war eine Reise mit vielen notwendigen Veränderungen während der Fahrt.
Ich empfand den Hotelwechsel und die damit verbundene Veränderung des Reiseverlaufs als Geschenk.
Ein ganzer Tag in ATHEN!

Das Hotel „Oskar" befand sich im Zentrum, in unmittelbarer Nähe der Akropolis. Vom Dachgarten des Hotels konnten wir am Abend direkt auf die beleuchtete Akropolis schauen, wir standen sozusagen „Auge in Auge" mit der Akropolis. Leider waren wir nach der schlaflosen Nacht auf der Fähre alle so übermüdet, dass wir es gar nicht genügend würdigen konnten. Nicht ein einziger Reisegast wollte noch an diesem Abend die Stadt entdecken. Wir begnügten uns mit diesem Bild von der Dachterrasse.

Als Athen Hauptstadt wurde, war sie eine Provinzstadt mit ca. 8 000 Einwohnern. Nach bayerischen Vorstellungen wurde sie als Hauptstadt Ottos erweitert. Die jetzige Ausdehnung erreichte sie jedoch erst in den 6oer und

70er Jahren. Sie wuchs extrem, weil die Zeit der Land-
flucht neuen Wohnraum notwendig machte. Bis zu 8-
stöckige Häuser wurden gebaut, um etwa vier Millionen
Menschen ein neues Zuhause zu schaffen.
Die Stadt hat sich verändert, aber „schön" ist sie nicht.

Und es gibt eine Stadt vor den Olympischen Spielen von
2004 und eine Stadt danach. Während vorher der Verkehr chaotisch und voller Baustellen war, fließt er jetzt
fast reibungslos. Dazu hat meines Erachtens auch die
neue Metro beigetragen, mit der täglich zirka 500 000
Menschen befördert werden.
Ich bin mit den Gästen mit der Metro gefahren. Einfach
so. Schnell, sauber, auf vier Ebenen fahrend, mit Granit
und Marmor verkleidet, macht sie den schönsten Unter-
grundbahnen Konkurrenz, die ich kenne, St. Petersburg
und Prag. Tausende Kunstwerke der antiken Zeit, ähnlich einem Museum, kann man in der Station Syntagma
bestaunen.

In so großen Städten erfolgt zu Beginn des Aufenthaltes
zumeist eine informative Rundfahrt mit dem Bus, bevor
Ausgrabungen besichtigt oder Museen besucht werden.

Zwei Jahre nach den Olympischen Spielen notierte ich:
Endlich konnte ich auch die olympischen Stadien sehen.
Alle Einrichtungen waren leer, ohne Sportler, ohne Menschen; weder im Rad-Oval noch im Schwimmstadion
wurden die Anlagen genutzt. Der Fahnenstangen-Wald
am Stadioneingang war ebenso unbenutzt. Nur an einer
Stange flatterte ein Pullover in rot-weiß-blau. Hier hatte
sich jemand einen Scherz erlaubt. Selbst die „olympische Toilettenanlage" war geschlossen.

Das olympische Dorf ist jedoch bewohnt. Soziale Gesichtspunkte wurden berücksichtigt, es konnte sich im Prinzip jeder Grieche bewerben, und eine Verlosung entschied, wer in diese Wohnungen einziehen durfte.

Nach der Rundfahrt erfolgt zu Fuß der Weg durch den historisch wichtigsten Teil der Stadt, die Akropolis. Hier war es immer schwierig, die Gruppe zusammen zu halten. Ein Glück, dass ich mich ganz dieser Aufgabe widmen kann. Ich verzichte auf die Beschreibung der einzelnen Gebäude, weil man es in allen Reiseführern viel genauer nachlesen kann.

Ein andermal, an einem heißen Sommertag, das Thermometer zeigt 38 Grad Hitze an, hatte ich am Fuße der Akropolis unter einem Olivenbaum Platz gefunden und wartete auf meine Gruppe, die noch ein paar Minuten Freizeit genoss. Ich schaute den Touristen zu, die vom Berg herunter kamen und scheinbar alle unter der Schwüle zu leiden hatten. Auf einmal, es war nicht geplant, sah ich meine Studienfreunde. Sie sind jetzt im Norden des Landes zu Hause. Halluzination? Nein, sie waren wirklich zum gleichen Zeitpunkt hier in der Stadt. Hätte man es geplant, dann hätte es so nicht geklappt. Das war vielleicht eine Überraschung! Aber: Es war nicht einmal genügend Zeit, um gemeinsam einen Kaffee zu trinken, jeder musste zu seiner Reisegruppe zurück.
Nach der Besichtigung brachte uns der Bus in die Plaka, einem der ältesten Stadtteile unterhalb der Akropolis. Wir parkten in der Straße Mitropoleos. Seit unserem ersten Besuch besaßen wir eine Telefonnummer, die eines

Albaners. Es gibt in Griechenland viele Albaner, die Arbeit suchen. Er hatte sich selbst einen Arbeitsplatz geschaffen, und scheinbar wurde es auch vom Staat geduldet. Er reservierte mitten in der Altstadt Plätze für Autos und Busse. Für einen geringen Preis freie Plätze! Für uns hatte er immer Platz.
Das war besonders für unsere Gäste wichtig: der Bus blieb zur besseren Orientierung an dieser Stelle stehen.

Ich bummle gern durch die Altstadt. Fast von jeder kleinen Kreuzung aus hat man den Blick zur Akropolis.
Die Plaka ist das gefühlte Einkaufsparadies für Touristen. Gold- und Taschenläden werden von Gold- und Taschenläden abgelöst. Vor den Geschäften hängen Teppiche, handgestickte Blusen, Tischdecken in allen möglichen Größen, Tücher, eben alles, was man den Touristen verkaufen kann. Im Wesentlichen bin ich stark geblieben. Ich schleppte lediglich mehrere Kilogramm einer besonderen Schafwolle nach Hause, woraus in der Folgezeit zwei bunte Teppiche entstanden.

Am Ende der Straße, die quer durch die Plaka führt, befindet sich der Flohmarkt. Neben krummen, verrosteten Nägeln und alten Telefonkarten gab es da eine Vielzahl von Kuriositäten zu bestaunen.

Ich versuche immer, möglichst viele unterschiedliche, auch gegensätzliche, Dinge aufzunehmen. So stand ich bei den Demonstrationen der Studenten an der Universität, stieg hinunter in die Metro, sah mir immer wieder die Wachablösung der Efzoni an, setzte mich in mir völlig unbekannte Kirchen und lief auch über die teuerste Einkaufsmeile, ohne etwas zu kaufen.

Mehrfach führte mein Weg auch zum antiken Stadion (Panathinaiko-Stadion).

Es liegt eingebettet in einer Mulde zwischen zwei Hügeln. Wenn man am Eingang steht, dann hat die Laufbahn die Form eines "U". Der Besucher am Eingang steht an der offenen Seite des Buchstabens. Von der Ebene der zu laufenden Strecke steigen Marmorstufen aufwärts. Es ist still im großen Rund, nur wenige Besucher sitzen hier in der prallen Sonne, denn es gibt keinerlei Schatten.
Trotzdem, es ist ein wichtiger Platz in der Geschichte. Hier fanden jährlich die bedeutendsten Spiele der Antike statt. Seit 1982 endet der jährliche Marathonlauf im Stadion und 2004 auch die beiden olympischen Marathonläufe.
Ich war auch 2004 in Athen, allerdings kurz vor Beginn der olympischen Spiele. Als ich dann hörte, dass nach

ihrem Sieg die griechische Nationalmannschaft im Stadion gefeiert wurde, konnte ich mir vorstellen, was da im Stadion abging.

Eine Nachtfahrt mit dem Bus, wie wir das in Paris und Rom taten, entfiel, deshalb fuhren wir mit der Metro abends in die Altstadt. In einem Restaurant, genauer vor einem Restaurant, hatte die Agentur Plätze bestellt. Ich hatte es nie für möglich gehalten, dass noch so viel auf den Straßen los war. Die Restaurants waren gefüllt, die Läden noch geöffnet, ein Menschenstrom zog durch die Gassen, Musik spielte allerorten. Die durch die Straßen Bummelnden schienen es alle zu genießen.

Während einer der folgenden Aufenthalte entlud sich ein Unwetter über der Stadt. Binnen weniger Minuten stand die Plaka unter Wasser, und es lief nicht ab, sondern es schien immer mehr zu steigen. Es goss von oben, und es wurde immer mehr. Unsere Gäste waren noch in der Stadt, der Fahrer und ich aber schon im Bus. Der Wasserpegel näherte sich schon der ersten Stufe der Einstiege.

Jetzt kamen auch die ersten Gäste, abenteuerlich sahen sie aus: Schuhe und Strümpfe ausgezogen, die Hosen umgekrempelt, Mülltüten-Kreationen am Körper und auf den Köpfen, aber in jedem Falle nass bis auf die Haut. Sie erzählten, dass sie in den Cafés aufgefordert wurden, auf Stühle zu steigen oder dass sie Schutz in der Kirche gefunden hatten, die auf einem Plateau steht.

Ein Reisender schrieb mir: „In Athen weiß ich nicht, was mehr haften bleiben wird: die Akropolis oder der Wolkenbruch, der unseren Bus fast mit weggeschwemmt hätte."

Als wir abends ins Hotel kamen, hörten wir, dass das Wasser seinen Weg durch ein altes Flussbett gesucht habe und erheblichen Schaden angerichtet hat. Bis zu diesem Zeitpunkt war mir noch nicht einmal aufgefallen, dass ich in Athen noch nie einen Fluss gesehen hatte. Jetzt weiß ich es. Durch Athen fließt der Kifissos, er ist aber begradigt und, hauptsächlich von der Schnellstraße, überbaut worden.

Obwohl unsere Gäste immer genau wussten, wo der Bus stand, fanden sie wiederholt den Treffpunkt nicht, sie verliefen sich

Vor Jahren, der Ablauf der Reise war anders, der Ausflug nach Athen erfolgte am letzten Tag. Die Koffer waren schon im Bus, wir würden also nicht mehr ins Hotel zurückfahren, sondern von hier aus direkt zur Fähre nach Patras. Zur Abfahrt fehlte ein Ehepaar. Die Wartezeit begann. Zuerst suchte ich allein, dann die Männer gruppenweise. Wir informierten zunächst den Reiseveranstalter, die örtliche Vertretung in Griechenland, später die Polizei und fragten in Krankenhäusern nach, aber schließlich mussten wir doch fahren. An der dritten oder vierten Straßenkreuzung kam uns ein Taxi entgegen. Aus ihm „hingen" mit der Hälfte ihrer Körper unsere Gäste heraus. Ein Glück, dass der Bus nicht zu übersehen war. Sie waren „fix und fertig" und konnten zunächst nur das Wort „verlaufen" hervorbringen.

Wir waren alle froh, dass wir nunmehr ohne personelle Verluste weiterfahren konnten.

6. GRIECHENLANDS MITTE - ÜBER DEN PAR-NASS UND DELPHI ZUM GOLF VON KORINTH

Von Athen aus mussten wir in den meisten Fällen zurück in die Hotels fahren, die zur sogenannten Zwischenübernachtung von den jeweiligen Agenturen gebucht waren. Ich empfand diesen Abschnitt der Reise auch körperlich ziemlich anstrengend, die Ausflüge waren lang, denn am späten Nachmittag erfolgte noch die Fahrt bis in den Raum Korinth.

Wir hatten zu diesem Zeitpunkt etwa die Hälfte der geplanten Route absolviert.

Wenn aber der Besuch Athens während des Reiseverlaufs anders geplant war, dann kamen wir aus dem Norden, fuhren entlang der Nationalstraße Richtung Lamia, so heißen der Golf und auch die in der Bucht gelegene Stadt. Die letzten Kilometer entlang des Wassers sahen wir kleine Orte, kleine Häfen, alles malerisch.

Nach reichlich zwei Stunden verlassen wir mit unserem Bus die Autobahn, die weiter nach Athen führt, und werden weiter in südwestlicher Richtung fahren, nach Delphi.

Noch bevor wir Delphi erreichen, möchte ich den Gästen eine besondere kulturelle Kostbarkeit zeigen. Jedenfalls empfinde ich es so.

Nach etwa fünf Minuten zusätzlicher Fahrt erreicht man das „Denkmal des Leonidas".

© 2017 Anita Lehmann

Der Spartanerkönig Leonidas hatte 480 v.u.Z. am Pass der THERMOPYLEN („Tor der warmen Quellen") mit 7 000 Hopliten das persische Landheer zum Stehen gebracht, und nur durch Verrat eines Griechen konnte er letzten Endes besiegt werden. Den tapfer kämpfenden und sterbenden Spartanern war ein eindrucksvolles Denkmal gesetzt worden mit der Inschrift, die vielen bekannt ist. „Wanderer, kommst du nach Sparta, verkünde dorten, du habest uns hier liegen gesehn, wie das Gesetz es befahl."

Das schlichte Denkmal mit einer Statue des Spartaners, der das vereinte griechische Heer führte, befindet sich an der Golfseite.

Auf der anderen Seite der Straße, zum Gebirge zu, war das eigentliche Schlachtfeld. Die Landschaft hat sich in den vergangenen Jahrtausenden geografisch jedoch so verändert, dass man sich als Tourist den schmalen Pass zwischen den Bergen an dieser Stelle kaum noch vorstellen kann. Das Grabmal des Leonidas, das sich inmitten des ehemaligen Kampffeldes befindet, habe ich noch nicht gesehen (es soll etwa fünf Minuten vom Parkplatz entfernt sein), weil es die Aufenthaltsdauer nicht erlaubte. Sollte ich noch einmal hier sein, dann werde ich darauf drängen, etwas mehr Zeit einzuräumen.

Ende der 90er Jahre wurde ein zweites Denkmal errichtet, mit dem niemand von uns etwas anzufangen wusste. Ich fotografierte es, zeigte es den griechischen Reiseführern, doch jeder schüttelte nur mit dem Kopf. Auf meinem Foto war ein Torso mit Flügeln zu sehen. Schließlich fand sich ein Grieche, der mir erzählte, dass es zum Gedenken an die 700 Kämpfer aus Thespis errichtet worden sei. Ich hatte gelernt, dass Leonidas mit Spartanern und weiteren Hopliten, schwer bewaffnete Kämpfern mit Schild, Speer und Schwert, den Pass verteidigt hatte. Auf der Karte musste ich lange suchen, bis ich den historischen Stadtstaat Thespis in der Nähe von Theben fand.

Für mich ist es immer reizvoll, solchen historischen Dingen auf den Grund zu gehen, und ich glaube, dass auch die Gäste interessiert waren.

Der Pass trug damals den Namen „Tor der warmen Quellen".

„Gibt es sie heute noch, die warmen Quellen?" wurde ich gefragt.

Kurz entschlossen bat ich den Fahrer, von der Fahrstraße abzubiegen und „auf Entdeckung" zu gehen. Wenige hundert Meter weiter war ein kleiner Parkplatz, und von dort konnte man zumindest Wasser rauschen hören.

Dann rochen wir auch das Schwefelwasser, das aus dem Berg heraus floss. Unten war ein kleiner See, und im Wasser lagen wirklich und wahrhaftig „nackte Männer", die sich auf diese unkonventionelle Art selbst eine Kur verabreichten. Wie mir schien, waren es Fernfahrer, deren Trucks auf dem Platz standen.

Ein Kurhotel oder ähnliches gab es zu diesem Zeitpunkt nicht.

Nach dem Kurzbesuch am Denkmal des Leonidas und an den heißen Quellen fahren wir nun
 wieder hinauf ins Gebirge zu unserem eigentlichen Ziel, DELPHI.

Um das antike Delphi zu erreichen, muss man einen Gebirgsstock queren. Der Parnass besteht aus einer Kette von Bergen, die sich etwa 150 Kilometer in nord-südlicher Richtung erstrecken. Wir fahren also entlang felsiger Hänge und queren mehrere Bergketten. Soweit man schauen kann, umgeben uns felsige, karg bewaldete Berggipfel. Selbst hier im Gebirge müssen neu gepflanzte Bäumchen bewässert werden. Dünne Wasserschläuche führen von Pflanze zu Pflanze.

Dort, wo wir den höchsten Punkt, den Sattel, in einer Höhe von 850 Metern erreicht haben, wurden erst in den letzten Jahren große Verwaltungsgebäude der Bauxit Werke gebaut. Die Erde hat eine dunkelrot-rostige Farbe. Wir durchfahren das Zentrum des Bauxitabbaus, der sowohl ober- als auch unterirdisch erfolgt. Von Russland finanziert, wird auch der Großteil des Bauxits nach Russland exportiert.

Bei einer späteren Reise sehen wir im Hafen von Itea die großen Halden und Verladerampen für die Frachter.

Vom Pass fahren wir wieder hinunter. Im Talkessel liegt eine kleine Stadt, Amphissa, die wir queren, ohne anzuhalten. Auffallend waren vor der Stadt die vielen Hütten der „Zigeuner", die sich hier in großer Zahl angesiedelt hatten.

Gleich nach dem Ort führt eine gut ausgebaute Straße kurvenreich über die Gebirge an mit Buschwald bewachsenen Felshängen vorbei, bis wir im Tal den Golf von Korinth erblicken.

In dieser Ebene unter uns stehen vier Millionen Olivenbäume, von oben betrachtet ist es eine riesige dunkelgrüne Fläche. Der größte Teil der Ernte wird zu Öl gepresst, nur ein ganz geringer Teil wird als Speiseolive verwendet. Ein Grieche verzehre, so sagte man uns, jährlich 24 Liter pro Kopf auf dem Festland und bis 37 Liter auf Kreta.

Und von da unten, vom Golf, kamen einst die Pilger nach Delphi.

Wir haben es leichter als die in der Antike hierher Kommenden. Sie mussten die Strapazen des Aufstiegs zu Fuß meistern; wir lassen uns fahren.

Nach oben geht es noch einmal besonders kurvenreich. Mauern schützen vor dem herunter rollenden Konglomerat. Die Straße musste schon mehrfach gesperrt werden, weil starker Regen den Boden ins Rutschen gebracht hatte. Hier oben queren wir auch einen künstlichen Kanal, der noch heute Wasser nach Athen bringt.

Am Südhang des Massivs befindet sich jahrhundertelang der heiligste Ort der Griechen, Delphi mit dem Apollon-

Heiligtum. Die antiken Stätten wurden durch Erdbeben zerstört und im dorischen Stil im 4. Jahrhundert erneuert. Aus dieser Zeit stammen die Tempelreste.

86 v.u.Z. überfielen die Römer die Region und plünderten das Heiligtum, und die Orakelstätte verlor ihre Bedeutung.

Über den zerstörten antiken Stätten errichteten Menschen späterer Jahrhunderte ihre Wohnhäuser, es entstand ein neuer Ort, Kastri.

Ende des 19.Jahrhunderts kam in Europa verstärkt das Interesse an archäologischen Grabungen auf. Französische Forscher erwarben das Recht, Ausgrabungen vorzunehmen, die im Wesentlichen 1935 abgeschlossen wurden.

Kastri wurde zu Beginn der Ausgrabungen abgerissen und in zwei Kilometer Entfernung wieder aufgebaut. Wir lasen das Straßenschild des neuen Ortes und wussten nun, dass wir die Ausgrabungen erreicht hatten.

Als wir die höchste Stelle der Straße passierten, sahen wir sie dann auch, die Kultstätte, die in besonders schöner Landschaft auf einer Bergterrasse liegt.

„In ganz Griechenland gibt es keinen Platz von solcher Eindringlichkeit und landschaftlicher Wucht" heißt es im Prospekt für den Rundgang.

Wenn wir als Touristen den Eingang zum Heiligtum betreten, dann laufen wir aufwärts, an den verschiedenen Schatzhäuser vorbei zum ehemaligen "Tempel des Apollon", dem Mittelpunkt der Anlage.

Der Ort gilt als „Nabel der Welt". Die Sage berichtet, dass Zeus von beiden Enden der Welt einen Adler aufsteigen ließ; dort, wo sie zusammenstießen, fiel ein Stein vom Himmel, der „Omphalos", der seither als „Mittelpunkt der Welt" gilt. Er soll in der Antike auch im Tempel des Apollon gestanden haben, jetzt steht eine Nachbildung außerhalb der wieder aufgerichteten Tempelsäulen.

Im Tempel saß einst die geweihte Priesterin (Pythia) und weissagte. Jeder, Völker, Städte, Einzelpersonen, der sich Rat suchend an das Orakel wandte und Opfergaben niederlegte, erhielt von ihr, stellvertretend für das Orakel, eine Antwort in Form eines rätselhaften Spruches, der dann vom Ratsuchenden gedeutet werden musste.
Es gab im antiken Griechenland viele Orakelstätten, aber Delphi war die wichtigste. Vor allen großen Entscheidungen wandte man sich an die Orakel, besonders vor Kriegszügen. Sicherlich, um das Orakel im Sinne des Ratsuchenden zu beeinflussen, schleppte man Schätze hierher und baute diesen sogar Häuser.
Ich bin sicher, dass während der Jahre, in denen wir dort Führungen erlebten, mehrfach Säulen wieder aufgerichtet wurden.

Und auch der Omphalos, der jetzt auf der Freifläche vor den Säulen des Tempels steht, ist eine Nachbildung der Nachbildung, der delphischen Nachbildung.
E i n e Nachbildung steht im Museum; ursprünglich soll der „heilige Gegenstand" aus Wollfäden bestanden haben, dessen Knoten mit Edelsteinen verziert waren.

© 2017 Anita Lehmann

Für uns Touristen war der Omphalos, der äußerlich die Form eines Eies oder Bienenkorbes hat, ein beliebtes Fotomotiv. Jeder von uns musste wenigstens einmal mit, auf oder hinter diesem Stein fotografiert werden. Nur so können wir beweisen, dass wir am Mittelpunkt der Welt standen.

Die gesamte Anlage von Delphi ist viel größer als bisher von mir beschrieben.
Oberhalb des Tempels kann der Besucher noch ein recht gut erhaltenes Amphitheater und ein Stadion sehen, in dem zunächst musische Wettbewerbe und dann auch

athletische Sportwettkämpfe (Pythische Spiele) stattfanden.

Auf der anderen Seite der Fahrstraße, weiter unten in der Schlucht, steht ein wieder aufgerichteter runder Bau mit dorischen Säulen, der „Tholos". Er wird ebenso oft betrachtet und fotografiert wie die Ausgrabungen oberhalb, aber über seine Bestimmung ist man sich wohl bis heute nicht sicher. Ich finde ihn fantastisch, einzigartig, weil das gesamte Augenmerk hier inmitten der Landschaft nur auf ihn gerichtet ist.

Für den Leser des Buches möchte ich noch einmal betonen, dass wir Reiseleiter während solcher Ausflüge die Gäste während des Tages nur zu betreuen hatten. Wir entschieden gemeinsam mit dem Fahrer, wo Pausen sein sollten, waren für die Getränke und das Essen während des gesamten Tages verantwortlich und erzählten natürlich den Gästen von Land, Leuten und der Geschichte.

Jeder von uns bereitete sich intensiv darauf vor, im Bus die Gäste auf das zu Sehende einzustimmen.

Aber Museen und Ausgrabungen sind für uns tabu. Dafür gibt es in jedem Land ausgebildete touristische Fachkräfte, die für die jeweilige Grabung eine extra Prüfung ablegen müssen. Dann erst erhalten sie die Genehmigung, in diesen Stätten zu führen. Während unserer Rundfahrten warteten sie zu einem bestimmten Zeitpunkt an einem bestimmten Ort auf uns. An diese Zeiten wiederum waren wir gebunden. Das hatte bisher überall geklappt, aber nicht hier in Delphi, nicht bei unserer ersten Reise.

Es war niemand da. Ich rief die Verantwortlichen an. Es war auch niemand bestellt.

Meine Reisegruppe bestand mehrheitlich aus Lehrern. Einer von ihnen machte sich dann auch Luft und beschimpfte mich. „Wenn wir nun einen richtigen Reiseleiter mit hätten und keinen Würstchenkocher…"

Es gab keine andere Möglichkeit, als Eintrittskarten zu kaufen und allein durch die Ausgrabungen zu laufen. Natürlich blieb die Gruppe zusammen, und ich versuchte, wenigstens das zu erzählen, was ich in der Vorbereitung gelernt hatte. Aber ich wusste auch, dass es verboten war, mit meiner Gruppe allein durch die Ausgrabungen zu gehen.

Die Aufsicht führenden Personen verfolgten mich mit der Trillerpfeife. Immer dann, wenn ich versuchte, etwas über das Heiligtum, den Tempel des Apollon, den Omphalos, das Theater… zu erzählen, ertönte die Trillerpfeife. Ich wurde verwarnt, habe aber nicht ernsthaft über die Folgen meines Handelns nachgedacht. Letztendlich wurde ich mit einer Strafe belegt, die jedoch mein Reiseveranstalter zahlte. Seither erzähle ich bei der

Anfahrt im Bus, habe immer selbst angefertigte Skizzen bei mir, und natürlich war ich mittlerweile schon öfters in den Ausgrabungen.

Nur eine einzige Panne hat es bei diesem ersten Besuch gegeben. Aber damals schämte ich mich sehr.

Die Straße führt vom Parnass hinab zunächst nach ARA-CHOVA. Der Ort liegt auf einer Terrasse auf etwa 950 Meter Höhe.

Arachova ist ein Einkaufstempel ganz besonderer Art: Entlang der Straße hingen auf Stangen in unterschiedlicher Höhe und auch übereinander Teppiche, viele, vielfarbig traditionell gefertigte Hirtenteppiche und Taschen, aber auch solche mit modernen Mustern und in verschiedenen Größen. Wenn wir doch anhalten könnten!

© 2017 Anita Lehmann

Selbst der langgestreckte Ort ist sehenswert mit seinen alten, aus Natursteinen gebauten Häusern und den engen gepflasterten Straßen.

Die Einwohner waren auf Touristen eingestellt. Unter Vordächern und Sonnenschirmen sah man Nudeln verschiedenster Art, Größe und Verpackung, Thymian-Honig, Mandelgebäck, Lederwaren... Dazu kamen in der Präsentation der Waren hauptsächlich noch Dinge, die mit Oliven zu tun hatten. Mich begeisterten hauptsächlich die Schnitzereien aus Olivenholz.

Aber die Straßen waren wirklich eng, kein Platz zum Halten oder gar Parken. Nur ein einziges Mal gelang es dem Fahrer, hier einen freien Platz zu finden. Auf der einen Seite der Straße befanden sich die beschriebenen Teppiche und Souvenirläden und auf der anderen wir und der steile Abfall in die Schlucht. Vorsicht war beim Ausstieg geboten.

Im Ortskern trafen wir ein ums andre Mal auf ebenso große Verkehrsmittel, wie das, in dem wir saßen. Einmal war es schlimm, da standen sich zwei Busse gegenüber; sie mussten aneinander vorbei gelotst werden. Ein Moped wurde weggeräumt, die Jalousien über den Auslagen mussten auf beiden Seiten herunter gelassen werden, größere Ausstellungsstücke beiseitegeschoben werden. Es war für unseren Fahrer Ehrensache, dass wir ohne Kratzer aneinander vorbei kamen. In Griechenland mussten Fahrer Schwerstarbeit leisten, ihr ganzes Können zeigen.

Über uns im Parnass befinden sich gegenwärtig in etwa zehn Kilometer Entfernung zwei Skigebiete.

In 5,6,7…Jahren wird der Ort kaum wieder zu erkennen sein, denn es entsteht ein neues, das „Parnassos-Skigebiet", und das, obwohl die Region seit 1938 Naturschutzgebiet ist. Auf der so genannten „Wiese von Arachova" befinden sich schon jetzt Skischulen, wird Snowboard gefahren, gibt es eine Rodelbahn. Viele neue Häuser sind im Bau, immer höher hinauf, aus Beton, mit Steinplatten verkleidet.

Allmählich fuhren wir hinunter in die „Ebenen", die eigentlich keine waren, nur die Anstiege und Talfahrten waren jetzt nicht mehr so krass.

In der Regel fahren wir von hier aus ostwärts über Levadia und Thiva (Theben) nach Elefsina, heute ein Vorort von Athen. In Elefsina werden wir die neue Autobahn erreichen, die Richtung Patras führt.

Zweimal bin ich auch von Delphi aus westwärts gefahren, einmal querten wir den Golf mit der Fähre nach Egio und ein anderes Mal, Jahre später, fuhren wir über die neue Brücke von Rio.
Die Fähre nach Egio auf die andere Seite des Golfs fährt nur nur dreimal am Tag, das hatte niemand in der Planung beachtet.
Als wir dort ankamen, war weit und breit nichts, kein Schiff, kein Abfertigungs-Häuschen, keine Person, die etwas mit der Fähre zu tun hatte. Am Wasser, an der Stelle, wo möglicherweise das Schiff anlegen würde, war eine Tafel, vergleichbar mit den Abfahrtszeiten von Bussen bei uns. Und wir hatten Glück, es war um die Mittagszeit, es würde bald eine Fähre kommen.

Durch mein Hirn schoss nun wieder der schreckliche Gedanke, was gewesen wäre, wenn wir hier zu spät gestanden hätten. Die neue Brücke gab es noch nicht. Auf den Landkarten sah man nur noch die Möglichkeit einer Fähre von Rio nach Patras.

Aber der Reihe nach...

Wir fahren durch kleinere Dörfer. In der Mittagshitze, der Siesta-Zeit, sitzen selbst im Kafenion nur wenige Männer. In Griechenland, so sagen die Einheimischen, wären um diese Zeit nur Katzen, Hunde und Touristen unterwegs. Die Dorfstraße ist also leer, deshalb schauen wir auf die Vegetation am Straßenrand: Spitzahorn, Platanen, Maulbeerbäume, Sanddorn mit vielen reifen Früchten, Lorbeer und auch die Mittelmeerkiefer, aus der das Harz für den Retsina gewonnen wird.

Auf dem Weg Richtung Theben waren wir an weiteren Hinweisen vorbeigekommen, die auf Ausgrabungsstätten, historische Ereignisse und natürlich Klöster verwiesen. So sahen wir auch den Hinweis auf die historische Stadt „Thespis". Die schwerbewaffneten Kämpfer des Stadtstaates Thespis waren es, denen ihre Nachfahren am Thermopylen-Pass ein Denkmal setzten, das mich so lange rätseln ließ.

Griechenland ist an jeder Straßenkreuzung voller Hinweise auf Sagen und historische Ereignisse.
Busfahrer und Reiseleiter müssen schon selbst interessiert sein, ein bisschen verrückt, um auf den Fahrten immer wieder Neues zu entdecken und den Gästen zeigen

zu wollen. Geholfen hat uns da in der Vorbereitung niemand.

Auf der Straße nach Theben sind wir mitten in den Handlungen des griechischen Tragödiendichters Sophokles:
So fahren wir beispielsweise an der Kreuzung vorbei (es ist sogar ausgeschildert), wo der Sage nach Ödipus, der Sohn des thebanischen Königs, zum Königsmörder wurde. Er erschlug in einem Handgemenge seinen Vater, den König von Theben.
An anderer Stelle wird auf die „Schreckliche Sphinx" verwiesen, die vor Theben lauert und alle Vorbeifahrenden tötet, die nicht ihr Rätsel lösen können.

Wir fahren weiter durch eine landwirtschaftlich genutzte Ebene. Hier werden Melonen angebaut. Rechts und links der Straße liegen auf den Feldern die großen, grünen Früchte. Sie sind jetzt reif. Wir haben Appetit, beraten und beschließen im Bus, bei nächster Gelegenheit an einem Verkaufsstand zu halten und allen die Möglichkeit zu geben, Melonen zu erwerben.

Ich greife dem Geschehen vor: Wir, der Fahrer und ich, saßen noch am gleichen Abend am Straßenrand, ganz in der Nähe unseres Busses. Das Küchenmesser aus dem Bus, die Pappunterlagen vom Bier, Blätter von der Küchenrolle, jeder eine halbe Melone vor sich, die aufgegessen werden musste; es machte Spaß, wie der Saft tropfte. Es gab keine Chance, die Reste irgendwo zu lagern, es musste aufgegessen werden. Ich brauchte lange Zeit keine Melone mehr.

Endlich THEBEN.

Von Theben hatte ich in der Geschichte gehört.
Im 4.Jahrhundert war Theben einer der mächtigsten
Stadtstaaten in Griechenland. Aber der makedonische
Herrscher Philipp unterwarf Theben, und nach einem
Aufstand der Thebaner führte sein noch junger Sohn
Alexander (später „der Große" genannt) erstmals das
makedonische Heer in einem Kampf. Er siegte und ließ
die Stadt völlig zerstören. Erst 20 Jahre später wurde die
Stadt mit Hilfe Athens erneut aufgebaut. Aber sie wurde
nie wieder so mächtig.

Dann war mir der Name der Stadt noch aus dem Gedicht
Bert Brechts bekannt, in welchem es heißt: „Wer baute
das siebentorige Theben?
  In den Büchern stehen die Namen von Königen.
  Haben die Könige die Felsbrocken herbei ge-
schleppt?..."

Ich erwartete folglich in Theben Reste einer Stadtmauer,
ebenso Reste von Toren, einen Burgberg… Nichts von
alledem sahen wir.
Wir trafen auf eine Stadt mit schmalen Straßen, die für
Busse und LKW völlig ungeeignet waren. Aber wir finden keine Ausschilderung für unser nächstes Ziel,
Elefsina.

Mit uns suchen andere Großgewichte eine Durchfahrt
durch den Ort. Wiederholt verheddern wir uns in der
Stadt, die jeweiligen Fahrer mussten wenden, teilweise

auf Fußwege ausweichen oder wir mussten den Gesamtverkehr sperren, um in die entsprechende Richtung zu gelangen.

Immer wieder frage ich, und immer wieder landen wir in engen Straßen. Wir hatten schon keinen Blick mehr auf möglicherweise Historisches.

Dann…ein griechischer Fahrer malte uns auf einem kleinen Stück Papier eine Skizze, aus der ersichtlich wurde, dass es eine Umgehungsstraße geben müsste, die mit einem handgeschriebenen Schild gekennzeichnet war und in griechischen Buchstaben das Wort „Eleusis" trug. Wir suchten und fanden es. Das Schild sah nicht wie die anderen Wegweiser aus und war auch nur knapp über dem Boden angebracht. Ich kannte den Ort nur unter der Bezeichnung „Elefsina", wäre also niemals auf die Idee gekommen, diesen Wegweiser zu beachten, wenn ich ihn überhaupt gesehen hätte. Gewusst, gefunden…Nun war es einfach, man konnte also Theben meiden.

Aber insgeheim war ich über meine Erfahrungen froh, denn ich wusste nun, dass ich nichts Historisches in der Stadt verpasst habe, denn Zeit für Erkundungen waren ohnehin nicht eingeplant.

Noch ein berühmtes Schlachtfeld passieren wir, Platää. Hier siegten 479 v.u.Z. die Griechen endgültig über die Perser, nachdem die Flotte der Perser vor Athen (vor der Insel Salamis) vernichtet worden war.

Über waldreiche Sättel und Pässe, auf kurvenreichen Straßen, durch Ebenen mit Getreideanbau und Baumwollanbaugebiete, vorbei an abgebrannten Kiefernwäldern, Müllhalden und kleinen Neubaugebiete fahren wir und erreichen die Industriestadt: Eleusis/Elefsina. Von hier aus geht es immer westwärts zum Golf von Korinth.

Die alte Nationalstraße und die Eisenbahn, die während unserer ersten Fahrten gerade elektrifiziert wurde, waren unsere Begleiter.

In Eleusis, einem bedeutenden Mysterien-Heiligtum, das sich um die griechische Göttin Demeter rankt, fahren wir weiter in Richtung Korinth.

Der Inhalt dieser historischen Mysterien ist „tiefes Geheimnis". Von ihrer Teilnahme versprachen sich die Menschen ein besseres Leben vor und nach dem Tod.

Für mich ist und bleibt Eleusis/Elefsina nur der Ort, wo ich die Autobahn Richtung Korinth erreichen muss und der Ort, wo unsere Busse repariert werden.

Und hier, während der Pause auf der Raststätte, passierte es wieder:

Eine Frau konnte die Toilettentür nicht mehr von innen öffnen. Sie schrieb ihrem Mann eine Nachricht aufs Handy, und er „rettete" sie. Somit waren uns Aufregung und eine längere Sucherei erspart geblieben. Auch ohne Handy wäre es sicherlich kein Problem gewesen, sie zu suchen.

Aber kurz vor dieser Reise war ich in Venedig gewesen. Eine Toilettenanlage für ca. 40-50 Personen war auf dem Busparkplatz gebaut worden. Nach dem Toilettenbesuch zählte ich meine Gäste. Es fehlte eine Frau. Ich zählte noch einmal. Sie fehlte. Nach einem Augenblick des Zögerns ging ich den Weg zurück. Da hörte ich es schon klopfen und rufen. Ich konnte die Dame mit Worten beruhigen und suchte dann eine Mitarbeiterin, die die Tür von außen öffnete und meine aufgeregte Dame heraus ließ.

Mich hat vorher noch niemals ein Reisender nach einem Toilettenbesuch umarmt.

Nach etwa 80 Kilometern sahen wir den Burgberg von Akro-Korinth, eine Kuppe, die aus der sonst eben vor uns liegenden Landschaft ragte. Kurz davor bogen wir von der Autobahn ab. Ich wusste, dass wir uns in unmittelbarer Nähe des Kanals von Korinth befanden, wollte aber lieber zum Hotel fahren, denn die Gäste waren ziemlich abgespannt.

Unsere Hotels befinden sich alle in der südöstlichen Bucht des Golfs, immer in oder um LOUTRAKI herum, einem Kurort, der mit der Hauptstadt sogar durch eine Kleinbahn verbunden ist. Die heilenden Thermalquellen sind ebenso bekannt wie das Mineralwasser der Stadt.

Unsere Hotels waren sehr verschieden, was Lage und Qualität betrafen, aber immer übernachteten die Gäste in den auch im Reisekatalog genannten. Probleme mit sogenannten Überbuchungen wurden nur über das Personal gelöst.

Ein Beispiel dazu möchte ich schildern:

An der Rezeption wurde uns, dem Fahrer und mir, mitgeteilt, dass alle Zimmer besetzt seien und wir in ein anderes Hotel gebracht werden. Wir bleiben in solchen Fällen meist bis nach dem Abendbrot im Hotel der Gäste. Der Fahrer säubert in der Zwischenzeit den Bus, ich warte zunächst, ob es irgendwelche Probleme mit den Zimmern der Gäste gibt. Wenn das nicht der Fall ist, dann helfe ich dem Fahrer oder bereite mich inhaltlich auf den folgenden Tag vor.

Diesmal wurden wir beide nach dem Abendbrot mit dem Taxi in die nahe gelegene Stadt gebracht. Auch hier sollen es die letzten beiden Zimmer gewesen sein. Ein abgewohnter Raum, Vornehmheit des beginnenden Jahrhunderts mit "Jalousietür", und ein Minibalkon von der Größe einer Fußbank, das war mein Übernachtungsplatz. Für eine Nacht richtete ich mich ein, am kommenden Morgen würden wir wieder mit dem Taxi zum gebuchten Hotel gebracht werden. Dort erhielt ich sogar ein Zimmer mit Meerblick.

Im Prinzip ist es also kein Problem, in einem anderen Hotel zu schlafen. Es fehlen nur die Ruhepunkte bei einer so langen Fahrt, die auch Fahrer und Reisebegleitung dringend notwendig haben.

Am liebsten fuhren wir ins Hotel „Pappas". Im Gegensatz zu den Stadthotels war dieses Hotel großzügig am

Meer gebaut. Der perfekte Sandstrand, eine kleine Taverne, Spazierwege am Strand, ein Schwimmbad extra, das alles machte das Hotelleben perfekt. Vor allem aber waren die Menschen, die das Hotel „in Gang hielten", liebenswert und ließen uns spüren, dass wir als Touristen willkommen waren.

Manchmal parkten zwei oder drei Busse vor dem Hotel, mitunter sogar vier. Für den Fahrer und mich war das besonders bei den ersten Reisen sehr wichtig, denn so konnten wir so manchen Tipp für den organisatorischen Verlauf eines Ausfluges erhalten.

In der Regel sollten die Gäste hier einen Tag Freizeit erhalten. Aber bei unserer Anfahrt am Tag zuvor hatten wir am Hang des Berges hinter dem Ort ein malerisch aussehendes Kloster gesehen. Ob wir da wohl hinauf könnten? Ein Anruf des Hoteliers erfolgte, und wir durften.

Voller Erwartung fuhren wir etwa eine halbe Stunde aufwärts, wie immer in Griechenland abseits der Autobahn sehr kurvenreich. Wir blickten bald von oben auf die Stadt Loutraki, erkannten ihr größtes Gebäude, das Casino, und ließen den Blick über zwei Golfe schweifen, den Korinthischen und auf der anderen Seite den Saronischen Golf.

Jetzt aber zeigte es sich, dass unsere Auffahrt doch auch „Probleme" mit sich brachte: Die Nonnen im Kloster hatten keinen Parkplatz für Busse. Sicher fahren Gläubige mit dem PKW hinauf, aber doch keine Busse. Deshalb war es für den Fahrer mühsam, den Bus zu drehen, während wir uns im Kloster umsehen. Nur noch wenige

Nonnen bewohnten es, hier, wie überall in den Klöstern, fehlt es an Nachwuchs.

In einer kleinen Geschäftsstelle verkauften die Frauen, was sie selbst hergestellt hatten: Honig, Tee, Handarbeiten u.a. Mein Fahrer wurde gerade Papa, da war der Kauf von gehäkelten Babyschuhen ein Muss. Natürlich durften wir nicht in die inneren Räume, aber uns beeindruckten auch so die Architektur des Klosters, die Aussicht…

Wir nutzten den Tag. Im Hotel hatte man uns empfohlen, unseren Ausflug zu erweitern und über Perechora zu einem besonderen Aussichtspunkt zu fahren, von dem aus man den Blick auf den Golf von Korinth und darüber hinaus zum Peloponnes hat, aber gleichzeitig auch zum Parnass, den wir am Vortag befahren hatten. Insgesamt waren wir nur zehn Kilometer von unserem Hotel entfernt.

PERECHORA ist ein kleines Dorf mit bedeutender Geschichte, u.a. beweisen das die Ausgrabungen von zwei Tempeln, einem antiken Hafen und die Reste von Zisternen.

In der Gegenwart ist der Ort als Mittelpunkt der Gewinnung des Harzes bekannt, das für die „Retsina"-Herstellung wichtig ist. Überall sieht man an den eingekerbten Kiefern Behälter für das Harz, das Bestandteil des griechischen geharzten Weines ist. Hier sagt man, dass die Liebe zum „Retsina" nach dem vierten Glas beginnt. So weit bin ich nicht gekommen.

Ein wenig später erreichen wir den Vouliagmeni-See, den man uns als „Blauen See" vorstellte. Er ist wirklich blau! Ursprünglich sollte hier die olympische Regatta stattfinden. Es wurde begonnen zu bauen. Irgendwann aber stellten die Verantwortlichen fest, dass die vorhandene Strecke zu kurz war. Zurück blieben ein Spazierweg entlang des Sees, eine kleine Kapelle mit dem hier üblichen blauen Dach, eine Bademöglichkeit, ein Restaurant - mehr nicht. Meine Fotos zeigen die wunderschöne Klarheit des „blauen" Wassers. Ein Kleinod, das noch nicht touristisch vermarktet wird.

Dieses „Kleinod" hat aber seine Tücken. Landschaft, Wasser und Strand luden zum Baden ein. Denn nach nur wenigen Augenblicken kamen die Badenden mit Schmerz verzerrten Gesichtern zurück. Seeigel! Wir sind es nicht gewohnt, beim Hineinlaufen ins Wasser auf Seeigel zu achten. Wir haben viel länger gebraucht, die Stacheln heraus zu ziehen, als der ganze Badevorgang dauerte. Jetzt wissen wir auch, weshalb in so vielen Läden Badeschuhe angeboten werden.

Für unsere Gäste hatten wir jedoch auch eine positive Überraschung. Der „Barkeeper" des Hotels hatte uns eine volle Stiege frischer Weintrauben aus eigener Ernte mitgegeben, die Trauben konnten wir nun zu unserem „Buskaffee" reichen.

Zurück zum Hotel fuhren wir an einer ganzen Reihe von Bauruinen vorbei, die einmal Häuser werden sollten oder noch sollen. Im Land muss erdbebenfest gebaut werden, deshalb sieht man hauptsächlich nur die Stahlskelette, die in der ersten Bauetappe errichtet werden. Weitergebaut wird, wenn der Bauherr den Bau finanzieren kann.

Einmal während jeden Aufenthaltes trat im Hotel eine Folklore-Gruppe auf. Gezeigt wurden traditionelle Tänze, aber immer endete der Abend mit dem Sirtaki.
Ich hatte den Gästen vom Roman „Alexis Sorbas" erzählt, und vom Film, der nach Kazantzakis Buch gedreht wurde. Wir wussten alle, dass der Tanz für den Film ein wenig abgeändert wurde. Aber wie er hier getanzt wurde!
Der Höhepunkt des Abends war für mich immer, wenn die Alten tanzten, Verwandte der Besitzer, ältere Männer. Ihr getanzter Stolz und ihre Ausdruckskraft waren berührend. Im Kreis aufgestellt, versuchten später auch die Gäste ihre ersten Sirtaki-Schritte.
Die Folklore-Tänzer zogen uns in den Kreis, und wir probieren die einfachen Schritte. Die rhythmischen Klänge erreichten selbst die stärksten "Tanzmuffel", wenn wir in einer Art Polonaise durch den Raum zogen.

Im Hotel gab es einen Koch, der, sobald die ersten Töne erklangen, vor mir stand und mich zum Sirtaki aufforderte. So lernte ich Schritt für Schritt den Tanz, ohne ihn wirklich zu können.

Griechenland-Fahrten ohne original griechische Musik, also ohne CD, das geht überhaupt nicht. Ich habe eine Theodorakis-CD, die ich ab und an auch zu Hause höre.

Ich höre aber nicht nur griechische Musik, sondern ich lese auch Bücher, um mich mit dem Land vertraut zu machen.

Und ich kenne auch Gedichte eines neugriechischen Lyrikers, der wegen seines politischen Engagements fast zehn Jahre seines Lebens im Gefängnis verbrachte. Jannis Ritsos (1909-1990) ritzte einige seiner Verse auf einer Gefängnisinsel in Stein. Ja, er ritzte die Worte in die runden Steine, die das Meer in Jahrtausenden so geschliffen hatte. Das hat mich besonders berührt. Aus dem Jahr 1980 sind beispielsweise folgende Zeilen:

„Dann wurde es Nacht
Zwei hölzerne Stühle
Im Mondlicht
auf den Stühlen
sie beide
barfuß
einander zugewandt
die großen Zehen
ihrer Füße
berühren sich"

Ohne Punkt und Komma wurden diese Worte geschrieben. Man muss sich schon die Zeit nehmen, es langsam

114

zu lesen, in Gedanken Satzzeichen zu setzen, um die „Zärtlichkeit" des kurzen Verses zu empfinden.

Auf dem Ausflugsprogramm stand am folgenden Tag ALT-KORINTH. Damit war nicht das moderne Korinth der Neuzeit gemeint, auch nicht die historische Burganlage, sondern die Ausgrabungen der antiken Stadt, die einst zu den mächtigsten und reichsten Städten gehörte, mit zwei Häfen an zwei Golfen. Erst zerstört (146 v.u.Z.) von den Römern, dann wieder von ihnen aufgebaut, spielt die historische Stätte in der christlichen Welt eine besondere Rolle.
Der Apostel Paulus hat hier von einer Rednertribüne aus, deren Sockel noch vorhanden ist, vor dem Volk gesprochen, und in der Bibel gibt es „Korinther- Briefe" des Apostels an die Christen von Korinth. Ich habe nachgelesen. Es geht im Wesentlichen um zwei Dinge: die Forderungen nach Demut der Frau und nach Geld für die Zentrale der Christenheit in Rom.

Bei den neuzeitlichen Ausgrabungen fand man mehr römische Relikte, weil auf den Trümmern der zerstörten griechischen Stadt gebaut wurde.
Fasziniert hat mich der griechische Apollon-Tempel, weil seine Säulen aus jeweils nur einem einzigen Stein geschnitten wurden und nicht, wie ich bisher gesehen hatte, aus mehreren Trommeln zusammengefügt.

Entlang des Zaunes, der den Ort von den Ausgrabungen trennt, schlendere ich durch Altkorinth, bleibe stehen, wo die Künstler die gelben Schalen, Amphoren, Vasen… mit schwarzen Figuren versehen. Die Läden basieren auf der Werbung für diese kleinen Kunstwerke, die hier verkauft werden.

Und natürlich sind Broschüren im Angebot und Komploi. Das sind Perlenketten und Perlenschnüre aus unterschiedlichem Material, von Holz bis Silber. Sie werden fast ausschließlich von Männern getragen, und fast alle Männer tragen sie. Die Perlen werden zwischen den Fingerspitzen gerollt, von morgens bis abends, also ständig. Wiederholt fragten wir, ob es einen religiösen Hintergrund gebe. Nein, das sei eine Freizeitbeschäftigung und ja, es soll Glück bringen.
In jeder Ausgrabung, die wir besichtigten, wo es also einen kleinen Kiosk gab, konnte man Ketten erwerben.
Natürlich musste ich auch eine solche Komploi besitzen. Sie hängt als Glücksbringer im Auto. Wie man sich doch immer wieder beeinflussen lässt!

Von allen Seiten ist der Burgberg ein eindrucksvolles Motiv. Jedes Jahr nahm ich mir erneut vor, zur Festung Akrokorinth hinauf zu steigen.
„Die Auffahrt ist schlecht", stand in einem Prospekt und in einem anderen: „Es fährt kein Bus hinauf". Immer wurde mir abgeraten. Hauptsächlich verwiesen die Griechen darauf, dass das Areal fest von Schlangen vereinnahmt worden sei und man nur in Stiefeln hinauf könne. Dann muss ich mir eben Stiefel besorgen! Ich ärgere mich sehr, dass ich mich mit meinem Wunsch, die Festung zu besichtigen, nicht durchgesetzt habe.

In jedem Fall ist die alte Burganlage, von allen Seiten bei unseren Ausflügen von weitem zu sehen, ein eindrucksvolles Hintergrundmotiv für unsere Fotos.

Im Nachhinein habe ich einen Kommentar des WOMO-Verlages gelesen, der mich noch mehr in meinem Wunsch bestätigt, irgendwann hinauf zu steigen.
„Hier in 575 Meter Höhe baute man bereits seit der Antike. Aber die Reste aus byzantinischer, fränkischer, venezianischer und türkischer Zeit haben die ältesten Teile längst überwuchert, ergänzen sich zu einer martialischen Wucht, unter der der Burgberg fast zusammenzubrechen scheint."
Der Formulierung „martialische Wucht", hat mein Interesse noch mehr geweckt.

© 2017 Anita Lehmann

Im Katalog des Veranstalters wird darauf verwiesen, dass es im Raum Korinth „einen freien

Tag" gibt, das heißt aber nicht, das der Gast allein gelassen wird an diesem Tag. Teilweise haben örtliche Agenturen Angebote, teilweise konnten wir auch selbst einen Ausflug vorbereiten. Unsere Gäste nehmen diese Vorschläge gern an, sie wollen immer möglichst viel sehen. Und schwimmen und baden kann man ja hier am Golf vor oder nach dem Ausflug.

Deshalb hatte ich auch zweimal die Möglichkeit, an einem Ausflug in den SARONISCHEN GOLF teilzunehmen.

Alle Gäste hatten sich, so wie ich, für diesen Ausflug entschieden.
Ein Ausflugsschiff holte uns in Isthmia ab.
Nicht nur die Schifffahrt war atemberaubend schön, sondern auch die Aufenthalte auf drei Inseln: Ägina, Hydra und Poros.
Jede Hafeneinfahrt, jedes Anlegen des Schiffes war etwas Besonderes.

Auf Ägina stiegen die Häuser wie in einem Theaterrund aufwärts, weiß getünchte, kleine Häuser mit roten Ziegeldächern. Davor lagen eine Vielzahl weißer Segelboote vor Anker. Ausflügler und Urlauber bevölkerten die Straße, die von Bougainvillae und Pomeranzen-Bäumen gesäumt war. Der eigentliche Reichtum der Insel sind jedoch die Pistazienbäume. Man sagt, es seien die besten der Welt.
Am Straßenrand warteten Einheimische mit überdachten Kutschen und vorgespannten Pferden/Mulis erwartungsvoll auf uns Touristen und einen Verdienst. Gewohnt, Vieles als erste machen zu müssen, stieg ich auf einen

gesattelten Muli und ließ mich durch die Straßen führen. Die Gäste „lieben" es, wenn der Reisebegleiter sie erheitert, ich sage immer, „wenn er sich zum Emil macht". Während des gesamten Rittes habe ich von der Stadt nichts gesehen, mein ganzes Sinnen war darauf gerichtet, „eine gute Figur" zu machen. Und dann überlegte ich schon, wie ich wohl von diesem Tier wieder runter komme.

Aber auch beim anschließenden Bummel durch die engen Straßen, wo die Restaurantbesitzer schon Tische und Stühle herausgestellt hatten, und auf uns Touristen warteten, war ich nicht allein.

Beide Male hatte ich eine junge Frau in meiner Reisegruppe, die sich mir immer anschloss und mir schreckliche Geschichten über häusliche Vorgänge erzählte. Wahrscheinlich war damit ihre Angst verbunden, ihr „Wahn", verfolgt zu werden. Das wurde von Tag zu Tag schlimmer und gipfelte schließlich in ihrer Angst, nachts allein schlafen zu müssen. Während der Rückfahrt mit dem Schiff musste ich sogar ärztliche Hilfe in Anspruch nehmen. Auf den Fähren gibt es zwar eine ärztliche Station, aber keinen Arzt. Mediziner müssen sich vor der Überfahrt an der Rezeption melden. Wir hatten Glück, eine französische Ärztin fuhr ebenfalls mit. Sie riet mir, meine Reisende trotz des verabreichten Beruhigungsmittels in der Kabine nicht allein zu lassen. Was tut in diesem Falle ein Reisebegleiter?
Ich muss noch erzählen, dass die Dame im folgenden Jahr zur Reise mit gleichem Reiseziel, mit gleichem Busfahrer, mit gleicher Reiseleitung wieder unterwegs war. Diesmal war sie weniger auffallend. Ich habe ihr

auch gleich zu Anfang deutlich gesagt, dass ich sie gern als Gast mitnehme, aber nicht als Patientin.

Die beiden anderen Inseln, Poros und Hydra, sind kleiner. Wunderschön sind ihre Häfen und Uferpromenaden. Die Inseln bestehen ja im Wesentlichen aus Straßen entlang des Hafens.

© 2017 Anita Lehmann

Pomeranzen- und Olivenbäume, auch wieder viele Bougainvillae, bilden den Rahmen meiner Fotos. Und im Mittelpunkt meiner Aufnahmen sind dann Obst- und Fischstände zu sehen, deren Händler auf ein gutes Geschäft warteten.

Diese kleine Kreuzfahrt beeindruckte mich sehr.
Deshalb nutze ich auch die letzte Viertelstunde des Aufenthalts und setze mich an den kleinen Landungssteg vor unserem Schiff, um noch einmal die Atmosphäre zu genießen.

Vor mir sah ich im flachen Wasser eine schwarze Hülle. Zunächst stupste ich diese mit dem Fuß an, möglicherweise hatte jemand dieses Teil weggeworfen. Aber die Neugier siegte. Ich bückte mich und nahm dieses nasse Etwas in die Hand. Überraschung! In der Hülle fand ich Geld und eine Hotelkarte. Die Hotelkarte meines Hotels! Auf dieser Karte stand auch die Zimmernummer des Gastes. Es konnte nur jemand aus meiner Reisegruppe sein.

Als zur vereinbarten Zeit wieder alle am Boot standen, fragte ich, wer von den Damen und Herren das auf der Karte benannte Zimmer bewohnte. Eine ältere Dame meldete sich, verwundert darüber, was ich wohl von ihr wollte. Den Verlust hatte sie noch nicht bemerkt.

Ich bin davon überzeugt, dass sie später behauptet hätte, dass sie bestohlen worden sei.

Wahr aber ist, dass während aller Aufenthalte im Land nicht ein einziges Mal ein Diebstahl vorgekommen ist.

Während dieses Ausfluges sahen wir auch die Insel SALAMIS, die Athen vorgelagert ist. Von Athen nach Korinth fahrend, hatte ich am Vortag schon die nördliche Seite der Insel gesehen und mich mit dem Blick auf den Felsenberg an „eine Geschichte aus der Geschichte" erinnert.

G.Hegedues, ein ungarischer Historiker und Schriftsteller des 19.Jahrhunderts, schrieb das Buch „Fremde Segel vor Salamis". Darin wird erzählt, wie der Großkönig Xerxes I. mit der persischen Flotte Athen 480 v.u.Z. angreifen und zerstören wollte. Bevor es zur größten Seeschlacht der Antike kam, wurde die Athener Bevölkerung aufgerufen, sich auf die Insel Salamis zurückzuziehen.

Xerxes wollte seinem Sieg beiwohnen und ließ einen goldenen Thron an der Nordseite der Insel bauen. An dieser Engstelle waren wir vorbeigefahren.

Der persische Großkönig musste mit ansehen, wie die schnellen Dreiruderer der Griechen seine größeren, unbeweglichen Schiffe in den Hinterhalt lockten und letztendlich vernichteten.

Eine andere Variante, den „freien Tag" zu verbringen, war die Fahrt durch den KANAL VON KORINTH.

Der Kanal verbindet den Golf von Korinth mit dem Saronischen Golf. Er ist wirtschaftlich von außerordentlicher Bedeutung, weil die Fahrzeit der Schiffe von und nach Athen deutlich verkürzt wird. Die Hafenmeisterei regelt die Durchfahrt; morgens darf man von Nord nach Süd fahren und am Nachmittag in umgekehrter Richtung. Hafenzoll muss natürlich ebenfalls entrichtet werden, auch für unser kleines Segelschiff, die „Albona".

© 2017 Anita Lehmann

Pläne für den Bau eines Kanals gab es bereits zur Zeit des römischen Kaisers Nero. Realität wurde der Traum, den Isthmus zu durchtrennen, erst Ende des 19. Jahrhunderts. Nach elf Jahren Bauzeit! Zu Beginn der 6,3 Kilometer langen Durchfahrt ist das Land rechts und links noch eben, dann erheben sich bis zu 80 Meter hohe, Wände. Dazwischen fahren wir auf einem vergleichsweise kleinen Schiffchen.
Welche Dimensionen!
 Die Fahrrinne soll 23 Meter breit und acht Meter tief sein. Die 10 000 Tonnen schweren Schiffe müssen von kleinen Lotsenschiffen hindurch gezogen werden. Nicht wir Touristen sind die Einnahmequelle, sondern diese Riesen!

© 2017 Anita Lehmann

Senkrechte, wie mit scharfen Messern abgestochene Felswände fallen zum grünlich schimmernden Wasser ab. Das Schiff tuckert gemächlich durch den Kanal, man glaubt, die Arme ausstrecken zu können, um das glatte Gelb der Wände zu berühren.

Kurz vor dem kleinen Hafen von Isthmia fahren wir mit unserem Schiff unter der Autobahn und der Eisenbahnlinie hindurch und queren die alte Nationalstraße, die bei Ein- und Ausfahrt der Schiffe abgesenkt werden kann.

Wir queren wirklich, oder anders ausgedrückt: Wir fahren mit unserem Schiff über eine Straße! Das hatte ich noch nirgendwo gesehen.

Als wir im Bus saßen, um ins Hotel zu gelangen, kam mir die Idee, diese Besonderheit auch den Gästen zu zeigen. Ich kannte den kleinen Umweg, weil ich während einer Reise einmal in Isthmia wohnte.

Also los.

Den Fahrer habe ich auf die Straßenführung aufmerksam gemacht: „Du musst dort abbiegen, wo gestern das kleine gelbe Auto stand." In Griechenland gibt es meist keine so genaue Ausschilderung wie bei uns in Deutschland. Man muss sich irgendwelche landschaftlichen Besonderheiten merken, natürlich nicht gerade „das kleine gelbe Auto".

Nach Jahren bekomme ich das immer wieder zu hören.

Das Wichtigste war aber, dass wir zum richtigen Zeitpunkt dort anlangten, um die Durchfahrt eines großen Schiffes und das Versenken der Brücke zu erleben.

Ich glaube, dass das jetzt der richtige Platz ist, unseren Busfahrern einen Ehrenplatz einzuräumen.

Wenn ich wieder über den Landkarten oder Stadtplänen grübelte, um noch zusätzlich zur vorgegebenen Strecke ein kleines, besonderes Etwas als Zugabe für unsere

Gäste zu finden, wie es hier die versenkbare Nationalstraße war, dann besprach ich das mit dem Fahrer, und
wenn es irgendwie möglich war, haben wir den „Zusatz"
dann gemeinsam realisiert.

Kein einziges Mal wurde ich mit meinen Anliegen zu-
rückgewiesen, die anfänglich nur „Ideen" waren, von denen wir nicht wussten, ob sie zu verwirklichen waren.
Alle waren jederzeit meine Ansprechpartner, und wenn
etwas „schief ging", dann bauten sie mich auch mental
auf. Das gilt für alle, mit denen ich in Griechenland unterwegs war. Ob nun Falk, Andre, Reiner, Bernd, Jür-
gen..., allen Griechenland-Fahrern gilt dieser Dank, den
ich hiermit auch im Namen der Gäste formuliere.

Kürzlich fuhr ich mit einem Bus, wo am Fahrersitz-Platz
das Wort „Chef-Coach" zu lesen war. Ein solches Schild
brauchten unsere Fahrer nicht, sie waren jeweils ohne
solche Hinweise unsere Chef-Coachs.

Meine bisher letzte Reise nach Griechenland fuhr ich genau mit dem Fahrer, mit dem ich auch die erste Tour unterwegs war. Es war ein Zufall. Bei größeren Reisever-
anstaltern dauert es mitunter länger, bis man wieder aufeinander traf.

Aus meiner Sicht war es die passende Gelegenheit, noch
einmal die besonders vertrauten Hoteliers und örtlichen
Reiseleiter aus dem Raum Katerini zu sehen. Wir trafen
uns im Hotel „Olympic Beach" in Nei Pori.

Es war für mich ein ganz großes Erlebnis, ihnen sagen
zu können, dass ich sie und ihre Arbeit schätze. Ein un-
vergesslicher Abend.

7. DIE ARGOLIS - KLEINE, GROSSE HALBIN-SEL

Am folgenden Morgen verließen wir das von unseren Gästen geliebte Hotel, um den letzten Teil der Reise mit der so genannten ARGOLIS – RUNDFAHRT zu beginnen.

Hinter Akrokorinth fuhren wir an einem antiken Steinbruch vorbei. Die Flächen der abgebauten Quader vermittelten den Eindruck als seien moderne Maschinen im Einsatz gewesen.
Dann folgten kilometerweit Sanddornsträucher. Händler versuchten, landwirtschaftliche Produkte zu verkaufen, besonders Melonen und die kleinen, weißen und sehr süßen, kernlosen Weintrauben, die wir zu Hause getrocknet als Korinthen verzehren.

Argolis ist der geografische Name für eine östliche Halbinsel der Peloponnes.
Die Entfernungen bei der „Rundfahrt" auf der Argolis sind kurz, geplant sind die Ausgrabungen von Mykene und Epidaurus sowie der Aufenthalt in Nauplia.

Die Straße führt durch ausgedehnte Olivenhaine. Vom örtlichen Reiseleiter erfuhren wir, dass der Olivenbaum etwa 2 000 Jahre v.u.Z. göttlichen Ursprungs gewesen sei. Zeus habe einen Wettbewerb zwischen Athene und Poseidon initiiert. Poseidon habe seinen Dreizack in die Erde gestoßen, und es sei Wasser geflossen. Athene erschuf den Olivenbaum, und die Götter befanden, dass das Werk Athenes großartiger sei. Athene besiegte in diesem „Kampf" Poseidon.

Die Bäume der privaten Olivenhaine hier sind verknorpelt, uralt, für uns fotogen. Die Größe eines privaten Besitzes ist sehr unterschiedlich. Von Bekannten erfuhren wir, dass fast jeder Grieche ein paar Olivenbäume besitzt, und selbst Deutsche, die sich im Land niedergelassen haben, erzählen von der Olivenernte als wichtigem Ereignis im Ablauf eines Jahres.

Die Ausgrabungen von MYKENE sind unser erstes Ziel. Wir müssen uns jetzt in die „mykenische Zeit", etwa 1 600-1 200 v.u.Z. versetzen. Es gab in Griechenland keinen einheitlichen Staat, die Menschen lebten in überschaubaren Stadtstaaten, die von Königen regiert wurden. Die Herrscher in Mykene ließen eine gewaltige Burg errichten. Der Eingang, das sogenannte Löwentor, ist wahrscheinlich das bekannteste Bauwerk.

© 2017 Anita Lehmann

Zwischen und über rechtwinklig behauenen Steinen sehen wir eine Toröffnung, darüber erhebt sich ein dreieckiger Stein, auf dessen Vorderseite zwei aufrecht stehende Löwen zu erahnen sind.

Hinter dem Tor befinden sich die Königsgräber, die im Wesentlichen 1876 von dem deutschen Archäologen Heinrich Schliemann ausgegraben wurden. Die Grabkammern waren u.a. mit Goldschmuck und Totenmasken gefüllt. 15 Kilogramm Gold!
Das Gold sah ich ja nicht, aber die Höhe (bis zu 16 Meter) und Stärke (8-10 Meter) der Mauern! War das mit den damaligen Mitteln überhaupt möglich? Kein Wunder, dass man an ein Werk der Zyklopen glaubte; nur solche einäugigen Riesen konnten „zyklopische Mauern" bauen, riesige Steinquader übereinander schichten.
Das Besondere dieser Ausgrabungen besteht für mich darin, dass Schliemann von der Echtheit der Erzählungen des Dichters Homer überzeugt war und sich nur durch seine Beschreibungen dem möglichen Burgberg zuwandte und fündig wurde.
Auf dem Buchumschlag eines Buches von J.Cobet über Heinrich Schliemann steht geschrieben:
„Um Heinrich Schliemann ranken sich ebenso viele Legenden wie um die Schätze, die er in Troja und Mykene gehoben hat."
Während einer Reise haben wir das Stadthaus Schliemanns in Athen im Vorbeigehen gesehen. Wir erfuhren, dass nach seinen Wünschen Zimmerdecken und Marmorböden mit Motiven seiner Funde dekoriert wurden.
Wenn man zum wiederholten Male nach Mykene kommt, sieht man auch die Veränderungen, die sich

vollziehen. Die Ausgrabungen wurden erweitert, ein Wegenetz angelegt, sanitäre Anlagen gebaut…

Wie viele Menschen mögen wohl insgesamt durch Ausgrabungen in Griechenland ihren Lebensunterhalt verdienen?

In den Ausgrabungen selbst führen „örtliche Reiseleiter".

Ich konnte also „eigene Wege" gehen, setzte mich unter einen Pistazienbaum, der kaum Schatten spendete. Aber es roch fantastisch nach Gewürzen, nach Rosmarin.

Lange halte ich es aber nicht aus und laufe ein wenig einen schmalen Fahrweg entlang. Dabei entdeckte ich alte, ungesicherte Grabungen mitten im Feld. Jetzt war meine Neugierde geweckt, ich betrachtete lange die mir unbekannten Steinquader und Steinbögen. Warum hatte man aufgehört, hier zu graben?

Der Hügel von Mykene birgt sicher noch weitere Geheimnisse.

Nach den Besichtigungen der Ausgrabungen halten wir zum Mittagessen im Restaurant „Homer" in Mykene. Eine typisch griechische Gaststätte erwartet uns, ein Familienbetrieb, wo jedes Mitglied der Großfamilie eine bestimmte Aufgabe im Service- bzw. Küchenbereich hat.

Auf einem Tablett werden die jeweiligen Gerichte an den Gästen vorbei getragen, eine ganz besondere Art, die Speisekarte für jeden Gast sichtbar zu machen. Es dauert dadurch nicht lange, bis alle Reisenden aus der Vielzahl des Angebots gewählt haben. Ich selbst entscheide mich (wie immer) für eine griechische Bohnensuppe. Nach 45 Minuten kann eine Reisegruppe schon fertig sein.

Als ich einmal längere Zeit mit dem Bus dort nicht zum Essen gehalten hatte, war ich doch ziemlich erstaunt, dass der Wirt sich meiner erinnerte und sagte, dass ich drei Jahre nicht da gewesen sei. Ich weiß schon, dass es nicht um mich als Person ging, sondern um das Reiseunternehmen, dessen Name an den Bussen stand. Aber trotzdem!

Wenn an einem einzigen Tag mehrere Orte des antiken Griechenland besucht werden, dann können nur punktuelle Besichtigungen stattfinden.

So war es auch bei unserer nächsten Tagesetappe, EPIDAURUS.

In Epidaurus befindet sich nicht nur das große, 12.000 Besucher fassende Theater aus dem 4.Jahrhundert. Unser Besuch gilt aber hauptsächlich diesem.

© 2017 Anita Lehmann

Die Größe der Arena wurde mir erst richtig deutlich, als ich im Theaterrund ganz nach oben gestiegen war. 55 Sitzreihen zählte ich. Segmentartig, so als würde eine Torte in Teile zerschnitten, schoben sich die immer breiter werdenden Teile nach oben. Erst hier oben sehe ich die bewaldete Berglandschaft, in die sich das Theater perfekt einfügt.

Der Hall der Stimmen soll hier besonders gut sein. Das Auftreffen einer Münze auf dem Boden sei bis in den obersten Rang zu hören. Ich versuchte, einen Kanon zu inszenieren, den meine Gäste singen sollten. Es gelang mir nicht, es musste beim Münzentest bleiben.

Das Theater ist Teil der Verehrung des Asklepios (Gott der Heilkunst) und damit Teil der Kultstätte; Theateraufführungen gehörten zur Therapie, die Kranke heilen sollte.

Seit das Theater Ende des 19.Jahrhunderts ausgegraben wurde, finden im Sommer Aufführungen griechischer antiker Tragödien statt.

Am Ende unseres Tagesausfluges kommen wir nach NAUPLIA.

Im 19.Jahrhundert war diese Stadt die erste Hauptstadt Griechenlands.

Wie es dazu kam?

Der türkische Sultan protokollierte die Unabhängigkeit Griechenlands, und die europäischen Großmächte setzten den Prinzen Otto von Bayern als König ein (1832).

Nauplia ist für mich der Inbegriff einer kleinen, gemütlichen Touristenstadt. Beeindruckt bin ich von der geografischen Lage an einer Bucht. In der Hafeneinfahrt wacht noch immer eine alte Festung, und eine zweite erhebt sich hoch über der Stadt. Schmale Gassen, in denen Cafés und Tavernen zum Hinsetzen einladen, verfehlen ihre Aufgabe bei mir nicht. Mal sitze ich an der Strandstraße, mal inmitten des Marktplatzes, hier muss man einmal die Zeit anhalten!

Alles das wird in ein Blumenmeer getaucht. Aber wirklich überall wachsen und blühen die Bougainvillae in den verschiedensten Farben, in dunklem Rot, rosa, weiß, gelb… Sie fügen sich zu Blütendächern über den Straßen zusammen.

Auch meine Gäste genießen, sitzen bei Kaffee und Eis,
und nur wenige jüngere Leute klettern die 999 Stufen
hinauf zur Festung Palamidi.

(Die meisten Reisenden wissen, dass ihr heimatlicher
Reiseveranstalter vor Ort einen Partner, in diesem Falle
eine griechische Agentur, haben muss. Wir wechselten
die Agentur mehrfach. Deshalb gab es mitunter Pro-
grammpunkte, die nur einmal durchgeführt wurden.)

So war es auch beim Besuch von KALAVRYTA, süd-
lich, über dem Golf von Korinth, gelegen.
Von diesem Tagesausflug erfuhren wir erst vor Ort.
Ich wusste, dass ich den Namen des Ortes schon gehört
hatte, eventuell im Zusammenhang mit einem Kloster.
Kalavryta?
Ich grübelte immer noch.

Von Korinth fuhren wir entlang des Wassers Richtung Osten. In einem kleinen Hafenort, Diakofto, auf Meeresebene gelegen, stiegen wir in eine 100jährige, kleine Zahnradbahn, die uns hinauf in die Berge bringen sollte. Es war eine malerische Schlucht, durch die wir fuhren, hinauf mit der Bahn und auf der Serpentinenstraße mit dem Bus am Nachmittag ins Tal zurück. Das Züglein war zwar alt, es bewältigte aber die 28%ige Steigung mühelos mit Hilfe eines Zahnrades in 68 Minuten.

Ich dachte: Bei diesem Ausflug ist eigentlich die Fahrt hinauf in die Berge schon das Ziel. Kalavryta entpuppte sich als eine Kleinstadt, eine Sommerfrische an einem malerischen Berghang. Im letzten Jahrzehnt hatte sich dieser Ort zu einem bekannten Skigebiet entwickelt.

Dann aber…

Der Begleiter der Agentur informierte alle, dass wir zunächst das Kloster AGHIA LAVRA besichtigen würden. Bei der Nennung des Namens wusste ich, dass ich in ein besonderes Kloster geführt werden würde.

Der Erzbischof von Patras, Germanicos, hatte 1821 in diesem Kloster zur Erhebung gegen die türkische Fremdherrschaft aufgerufen. Das Kloster wurde 1943 zerstört und danach wieder aufgebaut, weil ihm eine wichtige Rolle im griechischen Freiheitskampf zufiel.

Von hier aus, aus einem Kloster, soll auch die „Flagge der Revolution" über das ganze Land getragen worden sein, gemeint ist die blau-weiße gestreifte Flagge, die während des Befreiungskrieges die Aufschrift „Freiheit oder Tod" trug.

Ich habe mir die griechische Hymne angesehen; sie ist mit 158 Strophen wahrscheinlich die längste der Welt. In ihr heißt es, bezogen auf diese Kämpfe: „Die du aus der Griechen Knochen wutentbrannt entsprossen bist, heil dir Freiheit, sei gegrüßt."

Der uns begleitende Grieche hatte in einem Restaurant Plätze bestellt; nach griechischer Tradition sollte es (um Ostern herum) Zicklein geben. Das wollte ich nicht essen und lief deshalb allein durch den Ort zu einer Anhöhe. Ich stand vor mehreren miteinander verbundenen Stelen, auf jeder Stele unzählige Namen.
Kalavryta!
Jetzt fiel es mir wie Schuppen von den Augen, wie hatte ich das nur verdrängen können!
Im April 2000 war der damalige Bundespräsident Rau nach Kalavryta gereist, um Griechenland um Vergebung für ein Massaker der SS im Jahr 1943 zu bitten. 1 200 männliche Bewohner wurden erschossen, das Dorf völlig abgebrannt. Das war die Reaktion auf eine griechische Partisanenaktion.
Zum ersten Mal besuchte ein deutsches Staatsoberhaupt diese Stätte.
Der griechische Reiseleiter hat uns nicht zu diesen Namenstafeln geführt. Ich wusste nicht, wie ich mich verhalten sollte. Und erst, als ich wieder allein mit meiner Gruppe weiterfuhr, habe ich darüber sprechen können.

8. DER PELOPONNES UND OLYMPIA

In der Regel schlafen wir nach der Argolis-Rundfahrt nur noch eine Nacht in einem griechischen Hotel. Die darauffolgende werden wir schon auf der Fähre sein. Dennoch haben wir Reisenden noch wichtige Punkte unserer „Kulturreise" vor uns: der Peloponnes, Sparta und Olympia.

Am Morgen werden die Koffer verladen, meist ein Fährgepäck extra, denn wir werden für unseren Heimweg zwei Nächte brauchen.

Auf der schnurgeraden Straße Richtung Tripolis kamen wir gut voran. Nach etwa einer halben Stunde erhielten wir einen Anruf vom Hotel mit der Information, dass wir neben unseren eigenen Koffern auch das Gepäck von drei französischen Jugendlichen im Bus hätten, die versehentlich ihre Taschen falsch abgestellt hatten. Auf dem nächstmöglichen Parkplatz hielten wir und luden alle Koffer und Taschen aus. Jeder Gast musste nun seinen Koffer heraussuchen, und wir verladen erneut. Ergebnis: Wir hatten drei Reisetaschen, die uns nicht gehörten. Sie wurden mit einem Taxi zurück ins Hotel gebracht.

Wir konnten unsere Fahrt fortsetzen.

Als ich an einem Abzweig den Hinweis auf den Ort TOLO las, erinnerte ich mich, dass ich schon einmal in diesem Ort mit meiner Reisegruppe ein „Ausweichquartier" nutzen musste.

Der kleine Urlaubsort liegt am Argolischen Golf und wird vom Reiseveranstalter aufgrund seiner geografischen Lage und des direkten Zugangs zum Sandstrand angepriesen. Mir gefällt weder der Ort, der sich trist auf beiden Seiten der Straße hin zieht, noch der Badestrand und das Wasser, weil beides verschmutzt ist.

„Es ist ja nur ein Ausweichquartier, entstanden aus einer Überbuchung", versuchte ich den Gästen damals zu erklären.

Bei unserem Aufenthalt dort waren am Morgen schwarze Wolken aufgezogen und über uns entlud sich ein nur wenige Minuten andauerndes Gewitter. In kürzester Zeit standen die Straßen von Tolo unter Wasser, hatten die fürsorglichen Anwohner Holzstege verlegt. Aber schon während des Frühstücks blitzten hellere Wolken unter den ansonsten tief hängenden Wolken hindurch.

Auch bei dieser Fahrt hatte es am Morgen geregnet.

Mir fiel erneut auf, dass verhältnismäßig viele Männer suchend am Straßenrand entlang liefen. Zunächst nehme ich an, dass sie wilden Spargel sammeln, der hier wächst. Aber die Griechen sind keine Spargelesser. Was suchen sie dann?

Bei der nächsten Rast fragen wir.

Schnecken! Sie werden als Delikatessen gesammelt und verzehrt. Da es hier am vergangenen Tag geregnet hatte, war ein günstiger Zeitpunkt für die Ernte von Schnecken.

Mir war jederzeit bewusst, dass wir durch ein Land fuhren, in welchem es in der Vergangenheit und auch in der Gegenwart immer wieder zu Erdbeben kommt.

Nach einer reichlichen Stunde Fahrzeit erreichen wir TRIPOLIS, der Name der Stadt erinnert daran, dass in dieser Ebene in der Vergangenheit drei „Polis" (griechische Stadtstaaten) existierten. Aber auch die Türken hatten die Stadt im 19.Jahrhundert zerstört, sie wurde danach wieder aufgebaut. Von alledem sahen wir nichts, wir fuhren in großer Entfernung an der Stadt vorbei.

Ich fotografierte eine fruchtbare Ebene, im Hintergrund einen Gebirgszug. Von hier aus fahren wir in nordwestlicher Richtung, in die Berge, 112 Kilometer bis nach Olympia.
Oder anders ausgedrückt: Wir werden durch ARKADIEN fahren!
In der griechischen Dichtung (und auch bei J.W. von Goethe) war Arkadien ein paradiesisches Land, kein reales geografisches Land, sondern eine „sehnsüchtige" Vorstellung von einem Hirten- und Bauernland im Zentrum der Halbinsel Peloponnes.
Wir fahren tatsächlich durch eine einsame grüne Landschaft mit Höhenzügen bis zu 2 000 Metern, tiefen Schluchten und einer üppigen Vegetation.

Ich erinnere mich, dass ich bei einem anderen Reiseveranstalter den Auftrag bekam, über Sparta in den Raum Pyrgos an die Westküste des Peloponnes zu fahren und dort noch einmal zu übernachten.
Im selben Hotel hatte ich schon einmal eine Woche Strandurlaub verbringen können. Ich würde mich also auskennen.
62 Kilometer südlich von Tripolis liegt SPARTA in einem Becken.

In den Schulbüchern wird der Stadtstaat Sparta vor der Zeitrechnung als „Kriegerstaat" bezeichnet, und die beiden Worte „spartanisch leben" stehen auch heute noch sinngemäß für „einfaches Leben". Sparta, viel kleiner als Athen, stellte jedoch im Kampf gegen die Perser mehrfach die Heerführer der vereinten Griechen. Leonidas am Thermopylenpass war ein Spartaner. Die Herrschenden in Sparta orientierten hauptsächlich auf die Ausbildung von Kriegern.

Vielleicht aufgrund der Tatsache, schon viele griechische Ausgrabungen gesehen zu haben, beeindruckte mich das historische Sparta nicht so.

Auch die schachbrettartige, neue Stadt, erst nach 1834 gebaut, scheint mir fade zu sein, spricht mich nicht an.

Aber in sieben Kilometer Entfernung, oder besser Nähe, gibt es eine byzantinische Ruinenstadt mit Namen MISTRA. Ich fotografierte noch mit Filmen und verbrauchte einen Film mit 36 Bildern fast vollständig, so begeisterte mich das weitläufige „Trümmerfeld". Klöster, Kirchen, Grabkapellen und Teile alter Burganlagen wurden zu Fotomotiven.

Während wir am Hang kraxeln, bot sich uns nach jeder Windung des Pfades eine neue Aussicht hinunter ins Tal.

Am Nachmittag erreichten wir MONI SKAFIDIA.

Das Hotel „International" ist eine größere Ferienanlage mit gepflegten Bungalows, luxuriösen Restaurants und „luxuriösen Preisen".

Eine 0,33 l fassende Wasserflasche kostete fast vier Euro!

Aber ansonsten war alles zu unserer Zufriedenheit.

Wir alle freuten uns, die Zeit am Strand zu verbringen.

Nach Tagen baten uns die Gäste, mit unserem Bus nach Pyrgos zu fahren, weil die Ferienanlage weit entfernt von irgendeiner Siedlung war. Das stimmte. Nur ein Kloster war noch in zirka drei Kilometer Entfernung. Vom Busunternehmen, wo wir anriefen, erhielten wir die Erlaubnis, den Bus zu bewegen.

PYRGOS liegt inmitten von Olivenbäumen und riesigen Weinplantagen. Die geernteten Korinthen werden im Hafen KATAKOLON verladen. Das ist einer der bedeutendsten Ausfuhrhäfen für Korinthen.

Wir bummelten durch einen kleinen einladenden Touristenhafen, nahmen Platz in Restaurants mit Blick auf das Wasser, erfuhren eine außerordentlich freundliche Bedienung. Es war ein gelungener Tag.

Und dennoch: Ich erinnerte mich, dass ich in Taormina (Sizilien) Jahre vorher, ebenfalls mit Gästen, zu einem Felsenrestaurant aufgestiegen war. Dort, beim Kaffee sitzend, erlebten wir die Auswirkungen eines Erdbebens. Wir hatten damals das Gefühl, dass ein schwer beladener Transportzug unter uns hindurch fahren würde.

Jetzt saß ich hier in Pyrgos an der Quelle des Bebens von damals. Das war ein recht unangenehmes Gefühl, das ich bei diesem Gedanken empfand.

Von unserem Ausflug zurück, versammelten sich fast alle Gäste am Wasser. Noch ein Urlaubstag, dann würden wir nach Hause zurückkehren.

Und dann passierte es: eine Frau mittleren Alters, ehemalige Lehrerin, wie sie sagte, eine gute Schwimmerin, wie sie ebenfalls sagte, tritt versehentlich von der Sandbank in die Tiefe und versinkt. Wir sehen es; ich vom Wasser aus, Gäste und der Fahrer von Land. Wir laufen hinzu, schaffen es rechtzeitig, sie heraus zu ziehen. Sie hat aber zu viel Sand geschluckt und muss ins Krankenhaus nach Pyrgos gebracht werden.

Anders als bei uns in Deutschland, erfolgt die Versorgung der Patienten in Griechenland durch die Familie, d.h. die Angehörigen kochen für den Erkrankten, holen Tabletten aus der Apotheke, sind für alle Handreichungen verantwortlich. Neben jedem Patientenbett sitzt also ein „Verwandter", der sich um alles kümmert. In unserem Falle war ich der Verwandte.

Ich hatte vorher keinerlei Vorstellung, wie der Ablauf in einem Krankenhaus unseres Urlaubslandes sein könnte. Ich übernachtete also auf einem Stuhl neben dem Bett; spät in der Nacht zeigte man mir ein nicht benutztes Krankenbett. Am Morgen suchte ich dann in der Stadt eine Apotheke und Läden, um Speisen einzukaufen. Erst am Nachmittag wollte der Arzt entscheiden, ob unsere Patientin mit nach Hause, nach Deutschland, fahren durfte.

Der Bus fuhr pünktlich mit allen anderen Reisenden vor dem Krankenhaus vor, aber die Entscheidung war immer noch nicht gefallen. Unsere Zeit wurde knapp. Wir mussten die Fähre in Patras erreichen. Ich versuchte wieder, eine ärztliche Entscheidung zu „erzwingen". Nach nochmaligem Warten, verbunden mit der Unsicherheit, wie es weitergehen sollte, erhielten wir endlich positiven Bescheid. Unser Gast durfte das Krankenhaus verlassen. Der Weiterfahrt nach Patras stand nun nichts mehr im Wege.

Ich bin jeweils nur einmal von Tripolis direkt westwärts über die Berge nach Olympia bzw. in umgekehrter Richtung gefahren, also durch Arkadien.

Wir werden vier bis fünf Stunden Fahrzeit brauchen. Die Landschaft ist abwechslungsreich und die Straße gut befahrbar. Durch Macchia und Mischwald geht es aufwärts. Wir fahren an kleinen Dörfern vorbei, deren Bewohner sich von Ackerbau und Viehzucht ernähren.

Kein einziges Verkehrsmittel schien außer uns unterwegs zu sein, da begegnen wir ausgerechnet einer deutschen Radlergruppe, die einen fast 1 000 Meter hohen Pass gerade passiert hatte.

Als nächstes sehen wir eine große Ziegenherde, die von einem jungen, modern gekleideten Mädchen in Jeans gehütet wurde. Das war bisher einmalig, denn ansonsten sahen wir nur alte Opas und schwarz gekleidete Mütterchen. Schafe und Ziegen werden hier im Gebirge noch von Menschen gehütet.

Nachdem wir schon mehrere Bergdörfer durchfahren hatten, beschloss ich, in dem Dorf VITINA halten zu lassen.

Wir befanden uns in einer Höhe von 1 030 Metern. Die Dorfstraße trennt zwei Häuserreihen eines Straßendorfes. Während auf der einen Seite der felsige Hang steil ansteigt, fällt er auf der anderen steil ab. Unser Bus würde normalerweise zum Verkehrshindernis, wenn er parkt und uns ein anderes Transportmittel entgegenkäme. Aber es kommt bestimmt keins. Also, Pause für alle. Wir genießen den Ausblick über das weite Tal und die nächste Bergkette.

Vor fast jedem Haus werden landwirtschaftliche Produkte in Kisten und Regalen zum Kauf angeboten: Ho-

nig, Nüsse, Nudeln, Hülsenfrüchte, Ziegen- und Schafs-
käse und Holzschnitzereien. Wir waren auf der Heimfahrt. Die Gäste kauften.

Nach beeindruckender Talfahrt stiegen wir noch einmal
in eine Höhe von 1 100 Meter.
Die Dörfer, wie z.B. Langadia, die scheinbar am Hang
klebten, sahen mit den roten Ziegeldächern malerisch
aus. Näher betrachtet würde ich ihre Bauweise zwischen
byzantinisch und modern einordnen, von gänzlich zer-
fallen bis auf die Grundmauern liebevoll erneuert und
gepflegt. Riesige Kontraste konnten wir sehen.
In Tavernen und kleinen Geschäften wurden auch hier
Honig, Tee, Gewürze, verschiedenste Artikel aus Holz,
Ziegenkäse, Früchte in Sirup… angeboten. Ähnlich wie
in Vitina hatte man sich auf Touristen eingestellt.

© 2017 Anita Lehmann

Als wir dann schon wieder aus den Bergen hinunter fuhren, sahen wir vor uns eine zur Hälfte eingebrochene

Fahrbahn mit einem Auto darin, das im Augenblick des Abbruchs gerade die Gebirgsstraße befahren haben musste. Unsere Fahrbahn endete abrupt vor einer fast einen Meter hohen Geröllhalde. Glücklicherweise war noch eine Spur befahrbar, jedenfalls nahmen wir das an. Ganz langsam und ein bisschen ängstlich bewegten wir uns vorbei. Wieder hat unser Fahrer ganze Arbeit geleistet.

Nach 112 Kilometern erreichen wir Olympia.

OLYMPIA liegt in einer Ebene, die von zwei Flüssen durchzogen wird, am Fuße dicht bewaldeter Hügel. Ich habe den Ort als eine Abfolge von Schmuckgeschäften und Souvenirläden, Cafés und Restaurants in Erinnerung. Das Dorf entstand erst mit Beginn der Ausgrabungen und hat mit dem Heiligen Bezirk rein gar nichts zu tun. Etwa fünf Minuten Wegzeit liegen dazwischen.

Das Hauptziel der Besucher ist die berühmte Ruinenstätte. Die hier stattfindenden Wettstreite waren für die Griechen so wichtig, dass sie ihre Zeitrechnung nach Olympiaden berechneten und dass während dieser Zeit keine kriegerischen Auseinandersetzungen stattfanden. 776 v.u.Z. trafen sich freie griechische Männer erstmals zu sportlichem Wettstreit, aber nur für einen einzigen Tag. 300 Jahre später wurde die Zeitdauer verlängert, und es kamen weitere Wettkämpfe dazu.
Ich hatte meinen Gästen eine Orientierungshilfe entwickelt, ein A4-Blatt. Vielleicht konnte es neben den Ausführungen innerhalb der Ausgrabungen helfen, sich zurecht zu finden. Als ich nämlich erstmals hier war, gab es keine Führung, wir waren auf uns selbst angewiesen.

Ich habe im Zeitraum von etwa zehn Jahren erlebt, wie ein „neues" Olympia entstand. Am Anfang verschwanden die riesigen Steinsäulen noch in niedrigem Gebüsch, jetzt gibt es saubere Wege, ist so manche Säule „ins rechte Licht" gerückt, das Stadion ist wieder ein Stadion geworden, ein Museum wurde gebaut, sanitäre Anlagen, ein Parkplatz…Ich brauche hier aber trotzdem einen Museumsführer, um aus den zusammengetragenen Steinen lesen zu können.

Olympia ist eine Kultstätte der Hellenen, der Griechen aus antiker Zeit.
Im Mittelpunkt stand die Verehrung von Zeus.
Ihm zu Ehren fanden die Sportfeste statt, und der größte und „kultischste" Tempel war der, der Zeus gewidmet war. In seinem Inneren saß der gottgleiche Zeus, wie gesagt, er saß. Seine Figur, im Inneren aus Holz bestehend, das Äußere aus Elfenbein und Gold gestaltet, soll zwischen neun und zwölf Meter hoch gewesen sein. Die Statue des Zeus gehörte zu den sieben Weltwundern, und die Forscher sind sicher, dass sie die Werkstatt des Schöpfers, Phidias, innerhalb der Ausgrabungen gefunden haben. Das einzige Weltwunder, dass von einer einzigen Person geschaffen wurde! Die Statue existiert nicht mehr. Die riesigen Steintrommeln aus Muschelkalk, die einst das Dach des Tempels trugen, und nun am Boden liegen, werden nicht wieder aufeinander gefügt. Er soll in der Höhe vergleichbar mit dem Parthenon in Athen gewesen sein, seine Säulen aber doppelt so dick. Gegenüber vom Tempel des Zeus stand der seiner „Frau", der Tempel der Göttin Hera. Er ist der älteste

Tempel in Griechenland überhaupt. Hier wurden ausgegrabene Säulenteile wieder übereinander gestellt. Man erkennt, dass sie dorische Kapitelle trugen.

Meine Phantasie reicht oft nicht, um mir beim Anblick der Steinhaufen vorzustellen, welche Bedeutung die einzelnen Teile einst hatten: die Schatzhäuser, das Gymnasion, die Gästehäuser, das Philippeion …

Die Verfasser der Touristenbroschüren, die schreiben, dass man sich für die Besichtigung einen ganzen Tag nehmen sollte, haben recht.

Überhaupt war die Kultstätte Olympia wohl die, die am meisten aus dem Blickpunkt der Forscher verschwunden war.

So sah es auch der deutsche Archäologe Curtius, als er nach einem Besuch 1840 schrieb: „Von den bedeutsamen Stätten der alten Hellas ist keine dermaßen bis zur Unauffindbarkeit verschwunden wie Olympia."

Ein Erdbeben hatte im 6.Jahrhundert den großen Zeustempel zerstört, von den Bergen waren im Verlauf der Jahrtausende Erdmassen herunter gespült, und der kleine Fluss Kladeos hatte Sand und Lehm abgeladen. Eine vier bis sechs Meter hohe Schicht bedeckte den olympischen Hain, aus den nur noch Steinreste herausgeragt haben sollen.

1875-1881 fanden die ersten wissenschaftlichen Grabungen statt; die deutschen Archäologen Curtius, Adler und Dörpfeld übernahmen die Verantwortung über die Grabungen. Mir ist wichtig festzustellen, dass alles Gefundene der deutschen Ausgrabungen in Griechenland verblieb.

International werden die Ausgrabungen in Olympia als größte Leistungen auf griechischem Boden nach Delphi bezeichnet.

Einmal „schwänzte" ich einen Teil der Führung durch die örtliche Reiseleiterin und liefere gleich die Begründung:
1896 hatte P. de Coubertin, der als Begründer der modernen olympischen Spiele gilt, sinngemäß formuliert, dass Deutschland die Ruinen Olympias ans Tageslicht gefördert habe, weshalb Frankreich den Glanz der Olympischen Spiele wieder erwecken wolle. Die ersten Olympischen Spiele der Neuzeit fanden in Griechenland statt.
Wir standen 2004, kurz vor der Eröffnung der Spiele, hier auf dem Boden der olympischen Stätte.
Unmittelbar neben uns wird die Feierlichkeit zum Entzünden des olympischen Feuers geprobt. Junge Frauen in griechischen Gewändern bewegen sich anmutig entsprechend einer bestimmten Choreografie. Wir erleben also schon ein Stückchen Olympiade.
Ich folge den Fackelträgerinnen zum Stadion.
Durch einen offenen Torbogen, aus Muschelkalksteinen gefügt, laufe ich einen Durchgang entlang, der aus sieben bis acht übereinander liegenden Steinreihen besteht. Vor mir sehe ich, eingebettet in Graswälle, ein offenes Sandfeld, die Arena. Hier also hatten sie stattgefunden, die sportlichen Wettstreite des Altertums. Die Arena ist allerdings viel kleiner, die Wettlauflänge der Bahn betrug nur 192,27 Meter. Aber es sollen 45 000 Menschen auf den Graswällen gestanden haben, um die Sportler anzufeuern, die aus ganz Griechenland gekommen waren.

Auf dem Weg zurück zum Parkplatz schaue ich einmal bewusster auf die Pflanzenvielfalt: Judasbäume und Mandelbäumchen, wilde Feigenbäume, einzelne Zypressen, Steineichen, Olivenbäume und Oleander… Besonders auffallend ist hier die Anzahl der Sträucher, die wir Lampenputzer nennen. Die roten Bürsten des Dictomons leuchten an allen Ecken.

Von hier aus werden wir am frühen Abend zur Fähre nach Patras aufbrechen.

9. VON PATRAS MIT DER FÄHRE WIEDER NACH ITALIEN ZURÜCK

Gleich aus welcher Richtung wir kamen, die Reise endete in PATRAS, der größten Stadt der Peloponnes.

Die Idee, die Halbinsel Peloponnes mit dem nördlichen Festland zu verbinden, reicht ins 19.Jahrhundert zurück. Der Plan galt lange als undurchführbar
Seit etwa 1993/94 wurde dennoch eine Brücke geplant. Wenn wir es zeitlich ermöglichen konnten, fuhren wir mit jeder Gruppe zum Fotografieren an die Stelle, wo die Brücke gebaut werden sollte.
Lange mussten wir warten, bis wir die ersten Bauarbeiten sehen konnten. Wir vermuteten bereits, dass es so verlaufen würde wie mit der Brücke, die Italien und Sizilien verbinden soll, nämlich dass nichts passiert.

Aber dann, nach der Jahrtausendwende, begannen die für uns sichtbaren Arbeiten. Die Brücke wurde nach 10-jähriger Planungs- und Bauzeit 2004 eröffnet und kostete 750 Millionen Euro. Das Geld soll an die verschiedenen Geldgeber aus den Erträgen des Brückenzolls zurückgezahlt werden.

Als wir bei einer Fahrt an der nördlichen Seite des Golfes von Korinth nach Patras fuhren, konnten wir erstmals über die neue Brücke von RION fahren. Es war unmittelbar vor den Olympischen Spielen von 2004.
Damals notierte ich:
Erwartungsvoll schauten wir voraus, um die neu eröffnete Brücke zu sehen. Während der letzten Jahre, genauer seit 1997, hatte ich das Baugeschehen verfolgen können. Schon das war interessant. Wir konnten sehen, wie die im Durchschnitt 90 m großen Ringe für das Fundament versenkt wurden, auf denen dann die Pylonen verankert wurden. An vier Pfeilern befinden sich Spannseile, die die Segmente der Brücke tragen. Silberfarben schimmern die Stahlseile, wie die Saiten eines Instrumentes, man erkennt sie gut vor dem Blau des Himmels. Für 51 Euro fuhren wir über die mit 2 252 m längste Kabelbrücke der Welt!
„König Otto", Otto Rehagel, der Erfolgstrainer der griechischen Fußballnationalmannschaft, die 2004 den Europameistertitel gewann, eröffnete die Brücke mit einem Fackellauf. Er wurde übrigens auch als erster Ausländer „Grieche des Jahres".

Je nachdem, welches Schiff gebucht wurde, war der Aufenthalt in Patras kurz oder lang, meist fahren wir 23.59 Uhr.

Drei bis vier Stunden vor Abfahrt der Fähre sollen wir im Hafen sein.

Die Gäste bummeln an der Mole entlang Richtung Stadt. Da gibt es viel zu sehen, denn Patras ist die größte Stadt der Halbinsel.

Von dieser Hafenstraße aus, steigt die Stadt wie in einem Theater über dem Hafen an. Alle Straßen führen aufwärts. Geschichtlich gesehen ist die jetzige Stadt nicht sehr alt, wenn sie auch sehr alte Wurzeln hat. Sie ist eine griechische Gründung, wurde von den Römern erobert, 1821 von den Türken zerstört, und dann wurden 1965 bei einem Erdbeben noch einmal 1 000 Häuser vernichtet.

Viele Reisende bleiben lieber im Hafen, beobachten, wie die verschiedenen Fähren den Hafen verlassen, wie Schiffe beladen und entladen werden. Patras ist der Hauptausfuhrhafen für Korinthen und Wein.

Auch ich stehe zunächst noch am Bus, denn letztmalig auf griechischem Boden haben meine Gäste die Möglichkeit, etwas zum Abendbrot aus der Bordküche des Busses zu bekommen.

Leider musste ich auch erleben, wie die Hafenpolizei Menschen von Transportern herunter holte, sogar eine Frau mit einem Säugling, die illegal auf ein Schiff wollte. Diese Menschen hatten sich unter Planen oder sogar unterhalb des Transporters versteckt. Auch wir wurden angewiesen, darauf zu achten, dass sich niemand Fremdes im Bus aufhält.

Meine vorerst wichtigste Aufgabe war die Abholung der Fährtickets. In Patras bin ich da ziemlich umher geirrt. Je nach Fährgesellschaft, nach Uhrzeit oder auch nach

Jahreszeit war das Büro an einer anderen Stelle der Stadt. Aber ich hatte ja Zeit.

Einmal passierte es, dass der Drucker der Fährgesellschaft wohl falsch eingestellt war, denn die Kabinennummern wurden ziemlich durcheinander gewirbelt: Frau Reichelt hatte ein Zimmer mit Herrn Bauer, während Frau Bauer im Zimmer von Herrn Fuchs schlief und Frau Fuchs... usw. usf. Da das am Ende einer Reise passierte, wurde es bei der Verteilung der Tickets mit Gelächter aufgenommen. Die richtigen Paare fanden schnell zueinander.

Zum Abschluss spielten wir meist noch einmal unsere CD mit den griechischen Melodien. Ein einziges Mal waren unsere Gäste sogar bereit, nach den Sirtaki-Melodien zu tanzen. Abschied vom Urlaubsland.

Eine Nacht, ein Tag, eine zweite Nacht und nochmals einen halben Tag verblieben wir auf dem Schiff, bevor wir in Venedig (710 Seemeilen), Ankona oder Triest landeten.

Auf griechischen Fähren kann man, so glaube ich, auch ein Ticket für die Überfahrt erwerben, ohne eine Kabine zu buchen.

Einmal fuhren wir Ostern nach Hause. Auf dem Schiff waren mehr Gäste als gewöhnlich: Einzelreisende, Frauen mit Kindern… Schon am ersten Morgen, als wir zwischen Patras und Igoumenitsa unterwegs waren, wurde auf dem hinteren Deck ein Feuer entzündet und ein Grill vorbereitet. Im größten Restaurant des Schiffes trafen sich die griechischen Reisenden.

Dann begriff ich: Das Osterfest ist das wichtigste Fest unseres Reiselandes. Alle Angehörigen der Schiffsbesatzung durften deshalb mit auf Reisen gehen. Die Männer hatten ihren Familien die Kabinen gegeben, sie selber schliefen auf den Sofas oder einfach auf dem Boden.

Am Morgen des folgenden Tages rief ein Glöckchen die Gläubigen zum Gebet, danach liefen alle hinter dem voran getragenen Kreuz und dem Popen über das Schiff, durch die Gänge. Die Bräuche kannte ich nicht, aber ich war neugierig genug, mir die Prozession anzusehen.

Es folgte der Osterschmaus: Lämmer, die schon den ganzen Vormittag am Spieß gedreht worden waren.

Die vielen Gäste im Zusammenhang mit dem Osterfest waren sicher auch der Grund, weshalb ich eine Kabine mit einer „wildfremden, alten" Frau teilen musste. Zwei Nächte! Sie schnarchte fürchterlich. Unterhalten konnten wir uns auch nicht, Sprachbarrieren. Ich versuchte deshalb, mich so lange als möglich außerhalb der Kabine aufzuhalten.

Leider ist es so, dass bei Problemen mit Zimmern die Veränderungen stets über den Reiseleiter und den Fahrer gehen, meist zu deren Nachteil. Das hatten wir schon in vielen Hotels, besonders in Italien, erleben müssen. Das Argument lautete diesbezüglich, dass wir keinen Urlaub hätten. Ein Gast würde sich beschweren.

Nun war die Reise fast zu Ende.
Wenn die Schiffsmotoren angeworfen werden, die Ausfahrt aus dem jeweiligen Hafen beginnt, dann erschüttert ihr Stampfen die gesamten Aufbauten. Dann aber gleitet die Fähre ganz ruhig dahin. Ich stehe immer an Deck, genieße es, über das Wasser, den Hafen und die Stadt zu schauen. Ich nehme ganz persönlich Abschied. Diesmal glaube ich, dass es die letzte Busreise nach Griechenland gewesen ist, denn das Interesse der Gäste ist augenblicklich auf Kreuzfahrten gelenkt, die für die Gäste auch weniger anstrengend sind.

Für den Verlauf unserer Heimfahrt war nicht entscheidend, in welcher italienischen Stadt das Schiff anlegte, denn in jedem Falle ging es ohne Zwischenübernachtung Richtung Heimat, und von den genannten Städten sahen wir ohnehin nur die Außenbezirke.
Passkontrollen gab es, wenn überhaupt, dann nur in Triest, wo die italienische Polizei aufs Schiff kam.

Jedes Mal denke ich daran, dass ich in Triest einmal in großen Schwierigkeiten war.
Eine Reisende hatte die Reise ohne Personalausweis angetreten. Sie hatte Pass und Geld zu Hause vergessen, und ich war einfach zu feige, sie auf der Strecke auszusetzen. Ich hatte jedoch dafür gesorgt, dass sie bereits am

zweiten Reisetag eine Kopie des Ausweises in der Hand hielt. Während der gesamten Reise hatte niemand daran Anstoß genommen, aber nun kam die italienische Polizeikontrolle aufs Schiff. Mit einem Trick versuchten wir unser Glück; ich ließ meine gesammelten Akten fallen und lenkte die Aufmerksamkeit auf mich. Diesen Augenblick nutzte die Dame, um vorbei zu huschen.

Nein, niemals wieder würde ich Gäste ohne gültigen Pass mitnehmen. Schon wiederholt forderte ich Gäste auf, ihre Dokumente zu holen. Aber bisher passte es von der Zeit immer noch so, dass noch niemand die Reise überhaupt nicht antreten konnte.

Einen kurzen Moment denke ich daran, dass noch viel passieren kann, bis wir in unseren Heimatorten ankommen.

Normalerweise wird schon im Katalog darauf hingewiesen, dass ein extra Fährgepäck auf das Schiff mitgenommen werden sollte, aber wir sind ja diesmal zwei Nächte auf dem Schiff. Die meisten Gäste beachten den Hinweis. Es gibt jedoch auch Taschen mit Rollen, Gepäck aller Art zum Ziehen.

Es war schon passiert.

Eine ältere Dame verließ die Fähre mit einem kleinen Rollkoffer. Wieder an Land führt der Weg durch einen Korridor und zum Schluss über eine Rolltreppe abwärts. Ich war am Anfang meiner Gruppe gelaufen und musste zusehen, als die Dame mit dem Köfferchen hängen blieb und über den Koffer stürzte. Die Rolltreppe tat das, wozu sie gebaut wurde, sie rollte. Und mit ihr rollten die zum Ausgang strebenden Gäste. Es war schon ein Stau entstanden, denn die Frau hing fest. Manche stolperten, andere fielen, von hinten wurde gedrückt. Gleich mir stürzte noch ein Mann zum Knäuel. Wir beide zerrten die Frau heraus, dann den Koffer. Es gab blaue Flecke, aber keine ernsthaften Verletzungen, die einen Arzt erforderten.

Hoffentlich bleibt mir diesmal alles erspart, was einer pünktlichen Heimfahrt entgegensteht.

Bei der Reise zum Urlaubsort sind unsere Gäste neugierig, schauen aus dem Fenster, fragen nach dem Reiseverlauf und hören auch den Erklärungen des Reisebegleiters zu.

Anders bei der Rückfahrt. Es wird gelesen, viel geschlafen, und man hat neue Bekanntschaften, mit denen erzählt wird, vor allem aber werden die Fotos kontrolliert, sortiert und gegebenenfalls auch gelöscht.

Busfahrer hören jedes noch so kleine ungewöhnliche Geräusch. Sofort wird nach dem Ausschlussprinzip" die unbekannte Quelle gesucht. Dabei bin dann wieder ich gefragt. Manchmal ist es nur der Reißverschluss einer Tasche oder der Knopf an einer Jacke, der ein kleines Klicken verursacht. Die Ursache muss gefunden werden!

Ich schaue in der Ablage nach, versuche, mich dem Geräusch zu nähern, schiebe hier und da ein bisschen die Kleidung hin und her.

Einmal passierte folgendes: Ein eigenartiges Summen war einfach nicht zu identifizieren. Als ich letztendlich in gebückter Haltung durch den Mittelgang kroch, kam ich dem Geräusch immer näher. Zu dem Gast auf der ersten Reihe sagte ich: „Ihr Bein brummt." Zuerst schaute er mich etwas verstört an, weil er es selbst nicht gehört hatte. Dann haben wir die Quelle gefunden. Zwischen den Füßen hatte er eine kleine Reisetasche stehen und in dieser seinen Rasierapparat. Durch Bewegungen seiner Füße wurde der Rasierer ein- bzw. ausgeschaltet. Auf meinem Platz zurück, lächelte ich immer noch bei der Vorstellung, wie ich im Bus entlang gekrochen war.

Ein Mann hatte mir gesagt, dass er „nachher" mehrere Fläschchen Sekt haben wolle, um auf die gelungene Reise zu trinken. „Nachher" war in meiner Übersetzung „später", also nicht sofort. Ich setzte mich auf meinen Platz, hatte aber nicht bemerkt, dass der Gast unmittelbar nach mir nach vorn gekommen war und sich auf die mittleren Stufen setzte. Er wollte „seinen" Sekt. Was tut in einem solchen Augenblick der Reiseleiter? Er öffnet den Kühlschrank, holt die Flaschen heraus; der Gast steht auf, kann sich nicht richtig festhalten, stürzt nach vorn Richtung Scheibe. Der Reiseleiter streckt die Arme aus, hält dagegen und kann das Schlimmste verhindern.
Der Gast fällt nicht, aber ich habe eine gestauchte Oberarmkugel.

So endete eine für die Gäste gelungene Reise für mich mit körperlichem Schmerz, eine Erfahrung, die ich nicht noch einmal brauche.

Zurück in der Heimat würden wir ca. 4 500 Kilometer zurückgelegt haben.

Im Handel bisher erhältlich:

- ”Auf den Straßen nach Süden”-
  Ein anderes Reisetagebuch
  ISBN 978-3-86369-267-4

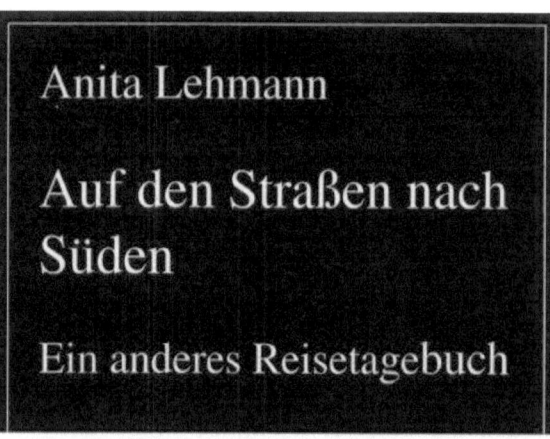

- ”In skandinavischen Betten”-
  Ein anderes Reisetagebuch Teil2
  ISBN   978-3-7460-7938-7
  E-Book ISBN   978-3-7460-5449-0

IN

SKANDINAVISCHEN

BETTEN

EIN ANDERES REISETAGEBUCH
TEIL 2

Anita Lehmann

In Vorbereitung:

- „Reizvolle fremde Pfade"-
  Ein anderes Reisetagebuch Teil 4

  Beim Einchecken im Hotel erlebte ich die erste „Überraschung". 44 Gäste reisten in unserem Bus. Ein Koffer und ein einzelner Mann blieben übrig. Mann und Koffer gehörten jedoch nicht zusammen. Noch standen alle Gäste an der Rezeption. Ich bat sie, ihre Koffer anzuschauen und zu prüfen, ob sie wirklich den eigenen Koffer mit sich führen. Kein Gast reagierte, …